Reflexiones Sobre Sociedad y Desarrollo en México

Isaac Leobardo Sánchez Juárez (coordinador)

Autores:
Norma Martínez Martínez
Héctor Miguel Samaniego Gámez
Judith Carrillo Carrera
Emilio Alberto López Reyes
Janette Eréndira Blanco Romero

Reflexiones Sobre Sociedad y Desarrollo en México

Isaac Leobardo Sánchez Juárez (coordinador)
Norma Martínez Martínez, Héctor Miguel Samaniego
Gámez, Judith Carrillo Carrera, Emilio Alberto López Reyes
y Janette Eréndira Blanco Romero

Libro de investigación académica

Primera edición, septiembre 2014

ISBN: 978-1-312-52448-4

Editado por Tiempo Económico
Impreso por Lulu.com
Ciudad Juárez, Chihuahua, México

www.tiempoeconomico.com.mx

Contenido

Introducción

Este libro es resultado de una clase que impartí en el otoño del 2013 en la Universidad Autónoma de Ciudad Juárez en la Maestría en Ciencias Sociales, denominada: Sociedad y Desarrollo, donde tuve la oportunidad de conocer y trabajar con tres estupendos profesionales que pusieron todo su empeño y ánimo para fortalecer su formación. Al finalizar el semestre debía evaluarlos con un ensayo académico y fue ahí cuando nació la idea de presentar dichos trabajos en la forma de un libro para poner su esfuerzo a disposición de un público amplio y no quedar en el olvido.

El resultado fue un trabajo sobre la importancia del sector agropecuario para el estado de Chihuahua, México; un análisis de la migración vista desde Ciudad Juárez y una extraordinaria discusión sobre la relevancia de la sustentabilidad para el desarrollo. A estas narrativas analíticas se agregó posteriormente un ensayo sobre la calidad y la producción de los investigadores en las instituciones de educación superior mexicanas y un trabajo econométrico que evalúa el papel del gasto público productivo sobre el crecimiento económico.

Los cinco trabajos que aquí se presentan tienen como intención reflexionar sobre las posibilidades de desarrollo en México, desde diferentes perspectivas metodológicas y enfoques, ya que entre sus autores se encuentran dos economistas, una administradora, un experto en relaciones internacionales y una profesional de la comunicación. El libro sirve como guía para estudiantes de pregrado y posgrado en ciencias sociales que se muestran preocupados por los problemas del subdesarrollo.

El libro se compone de cinco capítulos. Se inicia con un estudio realizado por Norma Martínez Martínez quien señala la necesidad que impera en las Instituciones Públicas de Educación Superior (IES) de México por consolidarse como instituciones de calidad y al mismo tiempo ser competitivas, lo que ha contribuido a que éstas se adapten a los cambios dinámicos del entorno y debido a esto, surgen nuevas e inesperadas formas de hacer competencia en un mercado global cada vez más incierto e impredecible. El capítulo se centra en la importancia de la investigación y la medición de la productividad de los investigadores, bajo el supuesto de que la calidad en las IES se alcanza cuando sus investigadores incrementan la producción de artículos en revistas de investigación científica. Para la autora, la medición de la calidad de las IES a través de la productividad científica contribuye al fortalecimiento de ciertas áreas y disciplinas y puede considerarse como la parte materializada del conocimiento generado a través de documentos. Su trabajo forma parte de la base contextual sobre la que actualmente construye su tesis doctoral.

En el segundo capítulo Héctor Miguel Samaniego Gámez tiene como objetivo explicar el comportamiento y consecuencias del gasto público productivo sobre el crecimiento económico en las entidades de México durante el periodo 1993-2011. La hipótesis central es que un incremento del gasto público productivo provoca un aumento en el crecimiento económico en México. Para verificar su validez realizó algunas estimaciones econométricas con datos de panel, tomando como variable dependiente el PIB per cápita y como variable independiente el gasto público productivo, controlando con las variables de impuestos, inversión extranjera directa y nivel educativo. Sobre la base de sus resultados realiza algunas recomendaciones para estimular el crecimiento de la economía mexicana.

En el tercer capítulo Judith Carrillo Carrera analiza la situación actual del subsector agrícola del estado de Chihuahua, para lo cual lleva a cabo un análisis descriptivo de corte longitudinal de datos estadísticos provenientes de fuentes secundarias de información como el INEGI y SAGARPA. En este sentido encuentra que a nivel nacional, la agricultura chihuahuense ocupa el sexto lugar en cuanto a su aporte al valor de la producción agrícola en México, ya que Chihuahua es el primer productor nacional de algodón, alfalfa, manzana, nuez, avena, chile verde y maíz amarillo.

En el cuarto capítulo Emilio López Reyes tiene por propósito repensar la relación entre el proceso migración y desarrollo en Ciudad Juárez, Chihuahua. Revisa los hechos que consideró más trascendentales de la historia económica de la ciudad, tales como: la llegada del ferrocarril en tiempos del porfiriato, el programa Bracero entre 1942-1967, los flujos campo-ciudad en el tiempo del Estado interventor, el *boom* manufacturero que otorgó el título de ciudad del neoliberalismo y las recientes crisis de violencia, inseguridad y desempleo. Sus reflexiones destacan la relevancia del proceso migratorio dentro de los estudios del desarrollo regional. Al final, el autor expone algunas propuestas para una gestión integral migratoria con enfoque de desarrollo.

En el capítulo final Janette Eréndira Blanco Romero parte de la premisa de que la sustentabilidad o el desarrollo sustentable tienen como finalidad el respeto a ciertas condiciones ambientales, a ciclos y sistemas físicos y al respeto de ciertos valores humanos. Señala que se mantiene el discurso sobre el acceso a un cauce sustentable de desarrollo sin obligar inútilmente a ir en contra de la economía de mercado al parecer irreversiblemente globalizada, por el contrario se adoptan sus implacables elementos para el diseño de estrategias puestas al servicio de una relación constructiva y armónica con nuestro planeta. Es así que su capítulo, hace un recorrido por las características del concepto del desarrollo sustentable y explica las brechas en la instrumentación de las políticas ambientales en México.

Finalmente, indicar que el libro espera ser de ayuda para tomadores de decisiones y estudiantes de las ciencias sociales. Se presenta como un instrumento ideal para la reflexión de los problemas de la sociedad y el desarrollo en México.

Isaac Leobardo Sánchez Juárez
Profesor de la Universidad Autónoma de Ciudad Juárez
Miembro del Sistema Nacional de Investigadores de México

1
La investigación en México, su calidad y la productividad científica de las Instituciones Públicas de Educación Superior

Con la nueva era de competencia global en la que se ven inmersas la mayor parte de las organizaciones y con el fin de adaptarse a los cambios dinámicos del entorno, surgen como consecuencia nuevas e inesperadas formas de hacer competencia en un mercado global cada vez más incierto e impredecible. Planear y medir son elementos fundamentales para que las organizaciones logren resultados significativos que las hagan subsistir de forma competitiva, sostenible y sustentable en el mercado. Uno de los temas más abordados en las investigaciones es la relación existente entre la manera de llevar a cabo la planeación estratégica y los resultados económicos que pueden obtener las organizaciones de esta.

La evolución de la planeación ha estado en sincronía con los desarrollos epistémicos de la evolución humana. Existen varias concepciones dadas a la planeación y múltiples formas de cómo se ha aplicado ésta en forma cotidiana en las organizaciones. El transcurso por distintos elementos teóricos ha permitido inferir que el proceso de planeación puede ser exitoso si está integrado en enfoques analíticos y reflexivos. Al respecto Serna (2000) menciona que la planeación estratégica es el marco de referencia donde los encargados de tomar las decisiones y subordinados, organizan y analizan información, tanto interna como externa, con el fin de evaluar la situación presente de la organización y decidir sobre sus principios, dirección y competitividad.

El objeto principal para la elección del tema de este trabajo es debido a la necesidad que impera en las Instituciones Públicas de Educación Superior (IES) de México por consolidarse como instituciones de calidad y al mismo tiempo ser competitivas a través de una de sus principales actividades como lo es la investigación. Es evidente que la diversidad existente en los sistemas educativos superiores impide la homogenización de las universidades, pues cada una es una entidad particular, sin embargo, se debe aceptar que existen aspectos básicos de naturaleza en cada una de las instituciones.

En el país, las IES juegan un papel importante y están consideradas como instituciones indispensables para el desarrollo de distintos sistemas y es de gran relevancia tener en cuenta que constituyen un pilar fundamental y esencial en el desarrollo económico, ya que desempeñan un rol importante en la sociedad para propiciar mejores condiciones en los ámbitos educativos, laborales, productivos y sociales. Desde la década de los ochenta se comenzaron a implementar diversos mecanismos e instrumentos orientados a asegurar la calidad en las funciones sustantivas de la educación superior, sobre todo en la docencia y la investigación, pero es a partir de la última década del siglo XX que ha sido un tiempo de intensa reflexión sobre la calidad de dichas instituciones. El trabajo está estructurado de la siguiente manera. En la primera sección, se presenta la importancia que tiene la calidad y productividad científica en las IES en México. A continuación, se realiza una breve descripción histórica sobre la investigación en México. Posteriormente, se desarrolla el tema de planificación estratégica y sus principales teóricos. Después, se menciona como la planificación estratégica se ha ido considerando dentro de la educación superior. Luego se hace mención sobre la medición de la productividad científica. La conclusión da cierre al presente trabajo resumiendo la importancia que tiene la medición de la investigación generada en las IES de México y como estas pueden ser catalogadas instituciones de calidad y competitivas.

1. Calidad y productividad científica en las IES

En un contexto de economías globalizadas, la calidad y productividad científica participan estratégicamente en el desarrollo de las IES. Hernández y Rodríguez (2004) hacen referencia al autor Ouchi el cual dice que la calidad incrementa la productividad, por lo tanto, esta situación genera el éxito en la gestión de las organizaciones. En este ámbito, es factible apreciar que el desempeño en cuanto al ser y quehacer de las IES cobra relevancia ante la necesidad de ser emprendedoras, competitivas e innovadoras para incorporarse exitosamente a los mercados internacionales generando alternativas que las lleven a mantenerse en la línea de calidad. La investigación es una actividad que necesita de ciertos indicadores que le permiten evaluar aspectos determinantes con el fin de consolidar la investigación a un nivel global.

Con la nueva era de competencia global en la que se ven inmersas la mayor parte de las organizaciones y con el fin de adaptarse a los cambios dinámicos del entorno, surgen como consecuencia nuevas e inesperadas formas de hacer competencia en un mercado global cada vez más incierto e impredecible. Planear y medir son elementos fundamentales para que las organizaciones logren resultados significativos que las hagan subsistir de forma competitiva, sostenible y sustentable en el mercado. Uno de los temas más abordados en las investigaciones es la relación existente entre la manera de llevar a cabo la planeación estratégica y los resultados económicos que pueden obtener las organizaciones de esta.

Ante este nuevo contexto, las IES no se quedan atrás y el impacto de nuevas políticas aumentó el peso de la investigación en México lo que ha llevado a realizar grandes esfuerzos para crear una plataforma en ciencia y tecnología altamente reforzada. La productividad científica ha sido objeto de estudio desde diferentes puntos de vista, los cuales se han referido a los aspectos o factores que la afectan, las condiciones que la inducen o casos específicos de la productividad generada por instituciones. La medición de la calidad de las IES a través de la productividad científica contribuye al fortalecimiento de ciertas áreas y disciplinas.

La ley establece tres tareas principales de las universidades: la docencia, la investigación y la divulgación cultural (Varela, 2006:52-66), bajo esta misma temática Guerra (1998) menciona que en la educación superior, la investigación, difusión del conocimiento y cultura toman un papel preponderante frente a la responsabilidad que tienen estas para responder a las necesidades planteadas por el grupo social en que se encuentran insertas (ver Figura 1).

Figura 1. Funciones sustantivas de las universidades

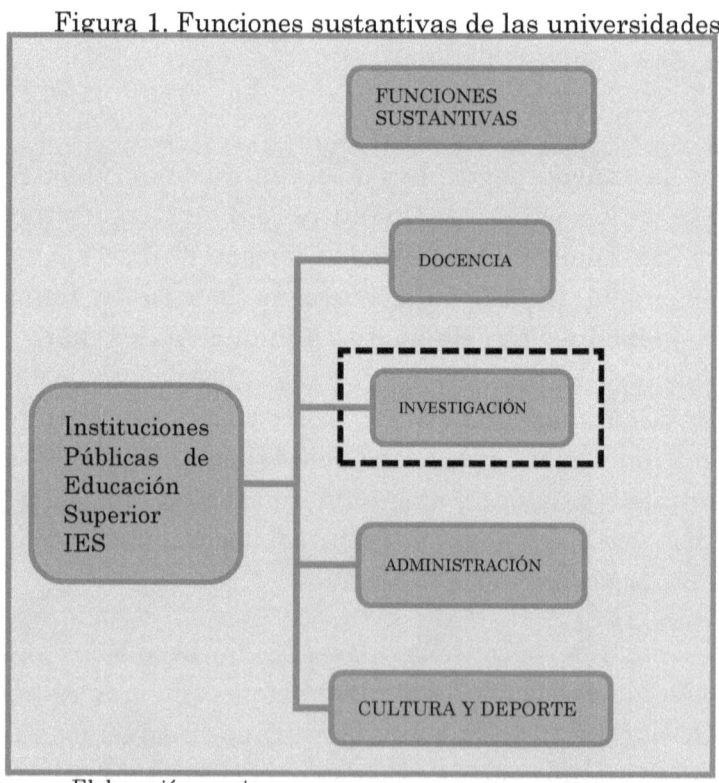

Elaboración propia.

La productividad científica es considerada como la parte materializada del conocimiento generado a través de documentos. Conocer el número de artículos publicados en revistas científicas, es un indicador de la productividad de la investigación que se toma en cuenta en las IES, por lo que es importante valorar, ¿dónde publican los investigadores? para analizar la efectividad de la asignación de los recursos en este rubro. Monitorear la calidad de la educación es importante para ver la rentabilidad de la inversión. Por lo tanto, se tiene la necesidad de realizar un análisis del comportamiento de la productividad científica.

Hoy en día, realizar la medición de la productividad científica por medio de indicadores es uno de los objetivos considerados de importancia por las IES. Ante esto, no es casualidad que en los últimos años, un número creciente de países han comenzado con la evaluación de la investigación ya que esto permite la asignación de fondos sobre la base de criterios de rendimiento y la estimulación de una mayor productividad en la investigación.

La productividad científica puede definirse como la totalidad de la investigación realizada por los académicos de las instituciones y contextos relacionados dentro de un período de tiempo determinado y se mide con frecuencia por el número de publicaciones y citas. Estos criterios son importantes para ponderar los índices de evaluación del desempeño de la investigación. Como se ha mencionado, las instituciones educativas juegan un papel crítico en el desarrollo nacional y mundial. Desafortunadamente, en México siendo un país subdesarrollado, el desempeño de las universidades ha tenido un desarrollo lento, por lo tanto es indispensable contar con un sistema científico y tecnológico que permita dar el siguiente paso. Fortalecer un sector de ciencia y tecnología tiene como finalidad central mejorar la competitividad de un país o región.

Ante estas aportaciones se puede considerar que, la investigación es entonces: uno de los componentes importantes del trabajo académico de los profesores universitarios. Los autores Boyer y Fredin (1997), mencionan que el desarrollo del trabajo académico se clasifica en cuatro categorías: 1. Centrado directamente en las actividades de la enseñanza, 2. Centrado en la aplicación del conocimiento, 3. Orientado a los procesos de descubrimiento y 4. El trabajo académico basado en la integración del saber, rebasa los límites de la especialización. Ante estas aportaciones, los autores mencionan que el trabajo académico ha tenido una transformación a través del tiempo, ya que ha pasado de la enseñanza, al servicio y finalmente a la investigación.

Por lo tanto, un aspecto importante a considerar se enfoca en la productividad de los investigadores mexicanos del área de las ciencias sociales y como esto impacta como ventaja competitiva en las IES de México.

2. La investigación en México

Los orígenes de la universidad están vinculados a la religión (INEHRM, 2013; Brunner, 1990; Robles, 1977), fueron los frailes franciscanos los primeros que reconocieron la necesidad de ser educados de acuerdo a la cultura europea, por lo que solicitaron al rey Carlos V la creación de una escuela para ellos. Desde luego, el objetivo principal era hacer de la educación un instrumento para la conquista espiritual. En América, la primera universidad que se estableció fue en la ciudad de Santo Domingo, posteriormente, la Real y Pontificia Universidad de San Marcos en Lima y la Real y Pontificia Universidad de México (Brunner, 1990; Cruz y Cruz, 2008:293-311).

Es a partir del siglo XIX que la ciencia y la investigación forman parte de las funciones universitarias, pero fue hasta el siglo XX que la universidad asume otras funciones como lo son la formación especializada, la preparación profesional, la capacitación permanente y la cooperación internacional (Peset, 1987). Las universidades son participes de la transformación positiva de su progreso a través de la práctica diaria llevando a cabo actividades de forma dinámica, flexible y autónoma para cubrir necesidades y expectativas de la sociedad (Patiño, 2007:53-60). Uno de los cambios más importantes que han tenido las universidades se da en la primera década del siglo XXI, la cual se ha caracterizado por el cambio generalizado y acelerado de la sociedad en aspectos como la cultura, la tecnología, la política y la economía. Dichos cambios, han llevado a las universidades a influir dentro de la globalización y la sociedad del conocimiento para no quedar obsoletas. Las universidades "se encuentran en transición y parece existir un acuerdo en el que nos encontramos ante este cambio de paradigma" (Salinas, 2002:4-13). Paradigma se debe entender que es un conjunto de reglas y disposiciones en las que se pueden establecer o definir límites, así como, indicar el comportamiento que se debe tener dentro de esos límites para lograr el éxito (Braslavsky, 1999). Por lo tanto, un "cambio paradigmático va dirigido hacia un nuevo juego o hacia un nuevo conjunto de reglas". Un paradigma engloba varias perspectivas teórico-metodológicas y se caracteriza por aspectos ontológicos, epistemológicos y metodológicos (Valles, 1997).

Ante los múltiples desafíos que plantea el dinamismo educacional, es de suma importancia elevar los servicios educativos que ofrecen las universidades. En México, las IES juegan un papel elemental, desde la década de los ochenta se comenzaron a implementar diversos mecanismos e instrumentos orientados a asegurar la calidad en las funciones sustantivas de la educación superior, sobre todo en la docencia y la investigación. La Política Nacional de Ciencia, Tecnología e Innovación a través del Diario Oficial (2008) menciona que para fortalecer el desarrollo socialmente equilibrado y sustentable, los cambios requieren una actividad creciente con la participación coordinada de todo el Sistema Nacional de Ciencia y Tecnología (SNCYT), además de un financiamiento público y privado suficiente.

A partir de esta información, se puede determinar que las IES a través de la productividad científica, tienen la oportunidad de generar ventaja competitiva en el impacto de la generación del conocimiento a la comunidad a través de la innovación social.

3. Teoría de la planificación estratégica y sus principales teóricos

La estrategia como disciplina científica ha experimentado un gran desarrollo en las últimas décadas que se han basado en una serie de teorías y enfoques (Bueno, 1995:5-15) (ver Figura 2).

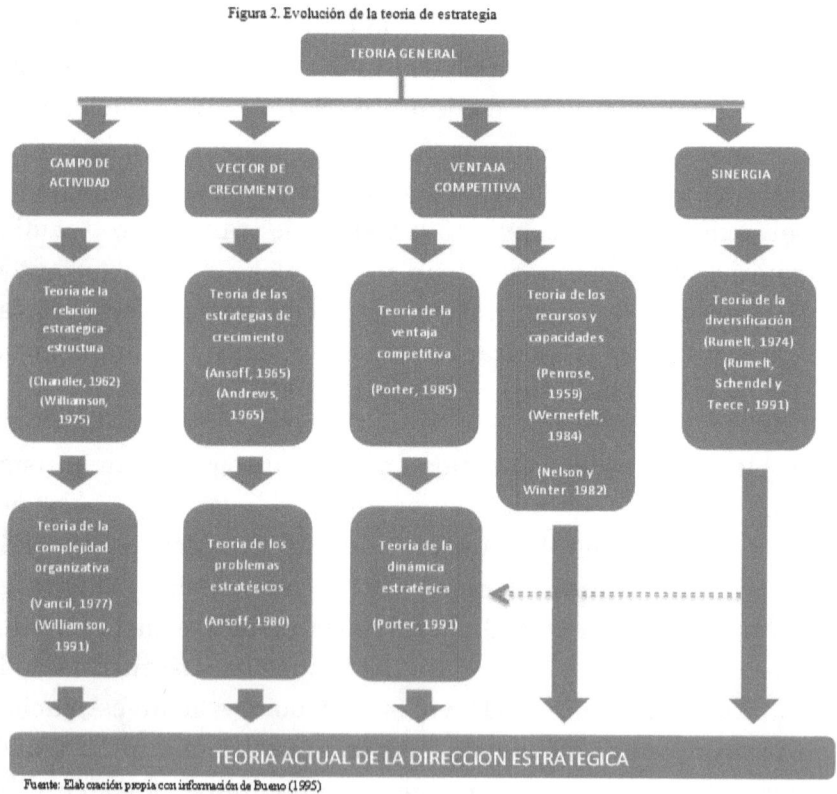

Figura 2. Evolución de la teoria de estrategia

Fuente: Elaboración propia con información de Bueno (1995)

El concepto de estrategia es definido como una forma de pensar en el futuro, integrada al proceso decisorio; el cual esta formalizado y es articulador de los resultados, es decir es una forma de programación (Mintzberg, 1984). La estrategia es la ciencia y arte de concebir, utilizar y conducir los medios (recursos naturales, espirituales y humanos) en un tiempo y en un espacio determinado para alcanzar y/o mantener los objetivos establecidos para un fin. De acuerdo a esta última definición, se puede ubicar que la estrategia es un instrumento que busca asegurar el éxito de la organización a corto, mediano y largo plazo (Soto, 2000:291-317).

En los últimos 30 años la dirección estratégica se ha establecido como un verdadero campo de investigación de la práctica directiva de cualquier organización ya sea esta del sector público o privado. En el transcurso de la evolución de la investigación estratégica han emergido una gran variedad de paradigmas, Mintzberg (1990) propuso una clasificación de nueve escuelas de pensamiento estratégico clasificándolas en dos grupos: escuelas prescriptivas y escuelas descriptivas. Las escuelas que se encuentran dentro del grupo prescriptivas son las preocupadas por cómo se deberían formular las estrategias: escuela de diseño, escuela de la planificación y escuela del posicionamiento, en conjunto forman lo que se denomina "el pensamiento estratégico racional". Las escuelas del grupo descriptivas son las que se centran en mostrar descriptivamente cómo y por qué surgen y se desarrollan las estrategias en las empresas: escuela emprendedora, escuela del aprendizaje, escuela política, escuela cultural, escuela del entorno y escuela integradora, en conjunto forman lo que se denomina "el pensamiento estratégico descriptivo".

La escuela de posicionamiento surgió a principios de los años ochenta, fundamentándose principalmente en la economía y en los principios y teorías de la organización industrial. La escuela de posicionamiento se desprende de las escuelas de diseño y planeación y en ella se argumenta que solo unos pocos establecen estrategias para lograr el posicionamiento en el mercado económico, las cuales son deseables ante cualquier industria lo que los hace fuertes para defender contra actuales y futuros competidores.

Las premisas en las que se basa la escuela de posicionamiento son:

1. Las estrategias son posiciones genéricas, comunes e identificables en el mercado.

2. Ese mercado o contexto es económico y competitivo.

3. El proceso de formación de la estrategia es, por tanto, una selección de esas posiciones genéricas basadas en el cálculo analítico.

4. Los analistas desempeñan un papel importante en este proceso, alimentando de los resultados a los gerentes que llevan a cabo el control.

La idea básica de la estrategia competitiva es que las estrategias de una empresa deben basarse en la estructura del mercado en la que se opera, dado que esto determina el tipo de competencia que existe en el sector y el potencial de rendimiento a largo plazo (Porter, 1980). Las aportaciones de Porter plantean como conseguir y mantener ventajas competitivas al plantear herramientas diferentes para realizar un análisis de tipo estático basado en las aportaciones de la economía industrial y lo explica en su modelo de las cinco fuerzas: competidores potenciales, proveedores, clientes, productos sustitutos y competidores actuales (ver figura 3).

Figura 3 Diagrama de las 5 fuerzas

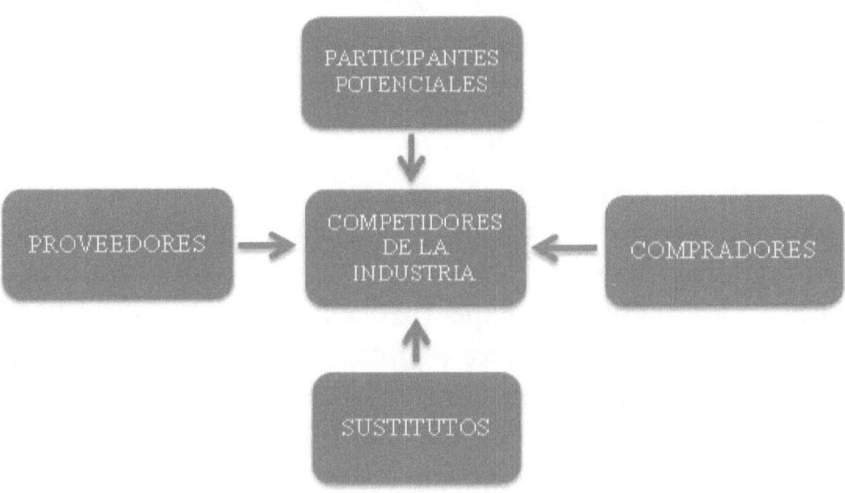

Fuente: Elaboración propia con información de Porter (1985)

Varias críticas ha recibido el modelo de las 5 fuerzas por depender en exceso de datos duros y formalizar el diseño de la estrategia, debido a que el modelo que propone Porter esta mayormente enfocado en cuestiones cuantificables y económicas, dejando de lado las cuestiones sociales y políticas (Mintzberg et al., 1999). Por lo tanto, el modelo restringe el contexto a la industria y a la competencia, sacrificando las capacidades internas de las organizaciones.

El concepto de ventaja competitiva ocupa hoy en día un lugar privilegiado en el estudio y formulación de estrategias en las organizaciones. Ansoff (1965) fue el primero en referirse a este término, definiéndola como el enlace que puede ser utilizado para separar "las características de las oportunidades únicas en el campo definido por el ámbito producto – mercado y el vector de crecimiento". "La ventaja competitiva nace fundamentalmente del valor que una empresa es capaz de crear para sus compradores, que exceda el costo de esa empresa por crearlo. El valor es lo que los compradores están dispuestos a pagar, y el valor superior sale de ofrecer precios más bajos que los competidores por beneficios equivalentes o por proporcionar beneficios únicos que justifiquen

15

un precio mayor" (Porter, 1985). "Una empresa posee una ventaja competitiva frente a sus competidores cuando obtiene una tasa de rentabilidad más alta[1] o tiene el potencial para obtener una tasa de rentabilidad mayor" (Grant, 1995).

Es a partir de estas aportaciones, que Porter en 1980 realiza interesantes contribuciones sobre el posicionamiento estratégico de las organizaciones. La estrategia se reduce a supuestos genéricos de los análisis formales realizados sobre las situaciones de la industria y además destaca la importancia de la obtención de la ventaja competitiva como base para superar con éxito las condiciones cambiantes del entorno. Por lo tanto, estas aportaciones acrecientan los grupos estratégicos, las cadenas de valor, la teoría de juegos entre otras ideas, pero siempre con inclinación analítica (Porter, 1985).

El concepto de competitividad se encuentra también a la orden del día, mantiene un significado implícito de progreso y avance. Muchos autores han tratado este tema a profundidad. Son cuatro los factores que determinan el éxito en las organizaciones: el país en que se encuentra localizada, el sector al que pertenece, sus propios recursos y capacidades y sus estrategias (Pérez, 2001). Mientras que para otros autores, la competitividad se construye por medio de un proceso basado en núcleos de empresas organizadas en uno o varios sectores industriales y se entrelazan unas con otras (Porter, 1990; Grant, 1996; Mintzberg, et al. 1999).

Porter es uno de los autores que más ha escrito sobre este tema de competitividad. El autor menciona que la competitividad nacional es una de las preocupaciones centrales de los gobiernos y las industrias de cada país y a pesar de todo lo que se ha escrito con relación al tema, el autor menciona que "no existe una teoría convincente que explique la competitividad nacional y ni siquiera

---

[1] Grant (1995), señala que la ventaja competitiva no tiene por qué verse reflejada directamente en la rentabilidad, ya que la empresa puede optar por reducir beneficios y con ello ganar mercado.

existe una definición aceptada de la palabra competitividad"
(Porter, 1998).

A lo largo del tiempo, son muchas las definiciones que han
evolucionado este concepto y varios autores los que han aportado
al respecto. La competitividad está basada en la productividad y,
por lo tanto, en la capacidad que tenga una economía para
desplazarse a actividades de mayor productividad (Cohen et al.,
1984). La competitividad de un país consiste en la habilidad que
tiene el mismo para producir y distribuir bienes y servicios en un
mercado. Esta definición hace referencia a la internacionalización
de los mercados y a la aplicación de límites de la competencia en
un mercado abierto (Scott, 1985:17-40).   Otro autor, deriva
competitividad de competencia con un significado de "posibilidad
de igualar una cosa a otra en la perfección o posibilidades" o
también, "el grado de rivalidad económica existente en un
mercado o en la forma en que actúan los competidores dentro de
este" y la menciona que competitividad es la capacidad que se
tiene de poder competir en la economía (Bueno, 1995:5-15).   La
competitividad consiste en producir bienes y servicios de mayor
diferenciación y menor costo que los competidores nacionales e
internacionales, lo que significa mayores beneficios. Así mismo el
autor menciona que la calidad y el precio son los principales
diferenciadores fundamentales para producir bienes y servicios
que logran aumentar la competitividad a través de la
productividad (Porter, 1990: 3-26).

4. Planificación estratégica y universidad

Una vez analizada la teoría y sus principales teóricos, se
examinará la importancia de la aplicación de esta teoría en las
IES y su impacto.

A finales de los años ochenta el proceso de planificación
estratégica surgió en las universidades de Estados Unidos de
Norteamérica introduciendo esta metodología como instrumento
de gestión y extendiéndose a las universidades europeas en la

década de los noventa. Los resultados de la aplicación del proceso de planificación estratégica en las universidades ha sido a lo largo del tiempo desigual, ya que en algunas la aplicación del proceso no ha servido para conseguir cambios relevantes en la universidad y en otros casos, si se han logrado grandes cambios en la mejora del funcionamiento operativo de la universidad y de su entorno (Rowley, 1997).

Con las crecientes presiones sociales y las transformaciones de los mercados, los empresarios buscan obtener el éxito comercial contribuyendo tanto en el crecimiento económico como en el aumento de su competitividad y, de igual forma, las IES deben hacer frente a estos nuevos procesos y exigencias sociales para cumplir con su obligación de mejorar el entorno y proveer de conocimientos y avances tecnológicos y científicos de calidad a la comunidad.

Según la Asociación Nacional de Universidades e Instituciones de Educación Superior (ANUIES, 2006), es necesario que las IES vinculen más estrechamente sus tareas académicas a los proyectos de desarrollo nacional, así como con las necesidades y expectativas de los individuos y la sociedad. A partir de esto, las IES necesitan entrar a la competitividad de hoy en día de una manera eficaz y, una forma de lograrlo, es mediante la aplicación de estrategias innovadoras. Por otra parte, la Organización de las Naciones Unidad para la Educación, la Ciencia y la Cultura (UNESCO, 2009) expresa que la educación superior debe no sólo proporcionar competencias sólidas para el mundo de hoy y de mañana, sino contribuir además a la formación de ciudadanos dotados de principios éticos, comprometidos con la construcción de la paz, la defensa de los derechos humanos y los valores de la democracia. Por lo tanto, es necesario propiciar el aprendizaje permanente y la construcción de las competencias adecuadas para contribuir al desarrollo cultural, social y económico de la sociedad.

En el esfuerzo de crear nuevas y mejores opciones para el futuro y en búsqueda del éxito organizacional, las instituciones deben llevar a cabo una planificación estratégica formulada en función de satisfacer las necesidades de índole social por medio de la realización de planes debidamente estructurados. La planificación se percibe como la acción consistente en utilizar un conjunto de procedimientos mediante los cuales se introduce una mayor racionalidad y organización en un conjunto de actividades y acciones articuladas entre sí que, previstas anticipadamente, tienen el propósito de influir en el curso de determinados acontecimientos, con el fin de alcanzar una situación elegida como deseable mediante el uso eficiente de medios escasos o limitados (Ander-Egg, 1996). Para otro autor, la planificación es una toma de decisiones donde se establecen los objetivos a lograr mediante un método o plan seleccionando las alternativas de acciones más viables para lograr las metas propuestas (Kaufmann, 2006). La planificación tiene como base tres principios fundamentales: flexibilidad, unidad y previsión. Sin embargo, cualquier decisión que se tome sobre planificación, esta no puede ser tomada a la ligera (Melinkoff, 2004), por lo que autores como (Stoner et al., 2004) consideran una serie de pasos que se deben tener en cuenta para la planificación: formulación de metas, identificación de los actuales objetivos y estrategias, análisis de recursos, identificación de los riesgos y determinación del grado de cambio requerido. La implantación de estrategias en las IES, deben estar estructuradas con el fin de lograr en un futuro no lejano, ingresar en un contexto de economía globalizada, calidad y productividad. Y para ello, existen infinidad de herramientas de planeación estratégica que son utilizadas para que logren ser exitosas y competitivas. Según (Creso, 2008:537-552) toda institución sea esta pública o privada, lleva a cabo la implantación de estrategias para el desarrollo de sus actividades.

Estudios realizados se enfocan y se fundamentan en la aplicación de la teoría de la ventaja competitiva para determinar la competitividad en las organizaciones públicas o privadas

(McDonald et al., 2007; Roca y Bou, 2007; Heras et al., 2009). Las IES se han enfocado en mejorar los servicios proporcionados con el fin de maximizar su prestigio y reputación (Cyrenne y Hugh, 2009: 237-248). Esta nueva visión ha llevado a las IES a implantar planes estratégicos en sus actividades principales para lograr colocarse como una institución competitiva y de calidad (Llinas-Audet, et al., 2011 Bronzetti et al., 2012; Rindfleish, 2003; Ofori y Atiogbe, 2012; Raharjo et al., 2007). Por otra parte, la calidad y/o competitividad de las IES es un tema que cada día envuelve a todos los países ya que esto repercute en una mejor captación de ingresos por parte del gobierno y de mejores estudiantes, por lo tanto, se analiza el papel que juega la política pública en este sentido y es por esta razón que se hacen necesarias las evaluaciones para obtener renombre e internacionalización (Horta, 2009; Navarro y Moctezuma, 2012; Taylor y Harris, 2004). Agregan Reyes y Reyes (2012: 87-98) que en el mismo esquema de calidad y/o competitividad, se realizan análisis de las percepciones que tienen los docentes y alumnos de las instituciones por medio de evaluaciones que ayudan a medir la calidad del servicio y el reto al que se enfrentan éstas para ser de calidad y competitivas.

Por otra parte, otros autores mencionan que las IES son organizaciones sin fin de lucro y están caracterizadas por ser organizaciones basadas en una economía que persigue mejorar la riqueza social y económica de su entono (Peredo y McLean, 2006: 56-65). Las IES modernas surgen en el siglo XIX, en el marco del concepto estado-nación, con el objetivo de estar al servicio de los intereses económicos del estado. Al respecto comenta Mora (1999) que bajo este contexto, el estado se hace cargo de las IES existentes y surge un movimiento de renovación, que da lugar a distintos modelos educativos, según el estado donde se desarrollan, y la manera de entender su función. Agregan Mora y Vieira (2007), que estos modelos educativos se traducen en diversas formas de gobierno configurados por diferentes actores y fuerzas internas como externas, estructura y estilo de gestión y por la toma de decisiones. En la actualidad, las IES como productoras de conocimientos avanzados, tienen un rol importante en la sociedad para propiciar mejores condiciones en los ámbitos educativos, laborales, productivos y sociales.

Las interacciones entre las IES y el entorno son objeto de estudio en las últimas décadas, sobre todo en el marco de la nueva economía, donde se toma el conocimiento como factor estratégico para la generación de riqueza y a las IES como las organizaciones que deben producirlo. Así mismo, otras aportaciones mencionan que el enfoque de la Triple Hélice de relaciones Universidad-Industria-Gobierno puede verse como un complemento sociológico de los modelos económicos, y muchas veces "economísticos" en estudios de innovación (Albert y Laberge, 2007: 221-249). En el marco general de la economía evolucionista y de las políticas liberales, el desarrollo de la literatura existente de la triple hélice forma parte de la evolución de los modelos sobre ciencia, tecnología e industria. Al respecto, Leydesdorff (2006: 189-203) menciona que la importancia de la innovación tecnológica es reconocida en la teoría económica de Marx en adelante, especialmente en la década de 1950. A partir del siglo XX, la innovación ha tenido presencia en los discursos políticos sobre ciencia y tecnología. Anteriormente solo se hablaba de I+D, posteriormente se le incluyo la i de innovación y los fondos comenzaron a repartirse tomando en cuenta los resultados de las IES, los centros públicos de investigación e industria.

Mencionan (Paredes y Loyola, 2006: 48-52):

"En materia de investigación y desarrollo se han realizado grandes esfuerzos, indican que en el modelo económico y social de México, se ha logrado construir una plataforma en ciencia y tecnología expresada en indicadores como los siguientes: instituciones públicas especializadas en investigación y desarrollo; descentralización de las actividades de Ciencia y Tecnología (CyT), formación de comunidades científicas de reconocimiento nacional e internacional; políticas e instituciones públicas dedicadas a su coordinación y fomento; aprobación de dos leyes en la materia, legislación de fomento a la inversión privada en CyT, un acuerdo legislativo para incrementar hasta el equivalente de 1 por ciento del PIB en actividades de I+Di, así como el fomento y creación de organismos públicos de promoción y coordinación de investigación e innovación en los estados de la república".

El conjunto de modelos de desarrollo económico basados en la innovación tienen como base la obra de Schumpeter en la cual sostiene que la "capacidad de innovación" es el artífice del proceso de "destrucción creativa" y que esta se basa en las características que reúnen los "emprendedores" como actores clave en el proceso de continuo cambio (Schumpeter, 1954). Los nuevos modelos de innovación se desprenden de la crítica realizada al modelo lineal de innovación el cual separa la investigación fundamental de la investigación aplicada, así como hace énfasis en el acercamiento y la colaboración entre la investigación académica y la industria. El modelo de innovación clásico pero aun utilizado es el que propone Lundvall (1992), que da paso a una amplia gama de literatura académica con importantes repercusiones en las políticas tomadas por organismos internacionales como la OCDE. Nuevas aportaciones sobre innovación que dan seguimiento a los trabajos de Lundvall, proponen modelos de sistemas de innovación a distintos niveles: sectorial (Malerba, 2002), tecnológico (Carlsson, 1997; Carlsson y Stankiewicz, 1991), regional o local (Braczyk et al., 1998; Cooke et al., 1997), los cuales han servido para la creación de gran número de políticas de innovación.

El modelo de la triple hélice es un enfoque sociológico para el estudio de la innovación y se centra en el análisis de la interacción entre las IES y los entornos científicos como primera hélice, empresas e industrias como segunda y gobiernos como tercera y se asume que la innovación surge de la interacción mutua entre ellas (Etzkowitz, 2003: 293-337). La innovación se convierte en el elemento que proporciona ventajas competitivas a las empresas, y la investigación científica y tecnológica pasa a ser la base para la creación de riqueza y el desarrollo económico. Paralelamente, en las ciencias sociales se desarrollan los análisis y modelos para explicar la innovación como un elemento principal de la nueva economía basada en la mundialización de los mercados y las relaciones organizacionales conocidas como globalización.

5. Medición de la productividad científica

El impacto que generan las IES a través de la producción científica, contribuye y coadyuva en el nivel de calidad y competitividad a nivel mundial, lo que ha llevado al desarrollo de organizaciones que se ocupan de medir por medio de rankings la competitividad y calidad de las instituciones, lo que ha generado múltiples estudios sobre el desarrollo, contenido, medición y resultados que proporcionan dichos indicadores. Las instituciones mundialmente hablando, buscan mantener altos índices de desempeño y ese ranking les proporciona esa información, por lo que estudios se han enfocado a analizar el impacto que generan las distintas funciones de las instituciones al aparecer en esos medidores (Bastedo y Bowman, 2011; Huang, 2012; Torres et al., 2011; Docampo et al., 2012). Al respecto, Auranen y Nieminen (2010: 822-834) mencionan que la información que generan dichos indicadores es aplicada para medir la calidad de los sistemas y su repercusión en el financiamiento otorgado por el gobierno, mientras que Horstschraer (2012: 1162-1176) añade que también es importante para la toma de decisiones y su repercusión ante los futuros alumnos al momento de elegir alguna institución para realizar sus estudios universitarios.

Realizar la medición de la productividad científica por medio de indicadores es uno de los objetivos considerados de importancia por las IES, ya que esto permite conocer e integrar a las instituciones en el esquema de calidad y competitividad. Azma (2010: 5408-5411) menciona que los indicadores de rendimiento son considerados de importancia para la mejora de la calidad y los objetivos de logro. Ante esto, no es casualidad que en los últimos años, un número creciente de países han comenzado con la evaluación de la investigación ya que esto permite la asignación de fondos sobre la base de criterios de rendimiento y la estimulación de una mayor productividad en la investigación.

Debido a que los rankings son instrumentos internacionalmente utilizados, se han realizado estudios para medir las aportaciones de los investigadores y como su reputación beneficia a las instituciones (Goodall, 2009; Abramo et al., 2010) y esto ha producido que muchos investigadores se den a la tarea de analizar y evaluar los criterios de la metodología y estructura de dichos indicadores, lo que los ha llevado a determinar que existen limitaciones para la medición integral y real de las aportaciones que realizan los investigadores mundialmente. Sus aportaciones están basadas principalmente a las diversas ponderaciones de los indicadores considerando por ejemplo, el área de conocimiento, la ubicación geográfica, las citaciones y la coautoría (Jöns y Hoyler, 2013; Tofallis, 2012; Aksnes et al., 2012). Todas estas investigaciones han llevado a desarrollar nuevos métodos, indicadores, modelos o técnicas de medición que pudieran ser aplicados, pero los cuales aún no han sido considerados y de los cuales se pudiera tomar en cuenta información importante para complementar los medidores ya existentes (Vieira y Gomes, 2010; Phusavat et al., 2011; Wu et al., 2012).

Los indicadores son utilizados para medir la eficiencia, desarrollo y aplicación de la investigación científica mundial (Schmoch y Schubert, 2008), pero más a detalle, para identificar la participación por parte de los investigadores en la ciencia, su contribución y la interrelación entre ellos (Buela-Casal et al., 2010; Ramsden, 1999; Buela-Casal et al., 2011; Stolz et al., 2010; Creso, 2008). Además de analizar las publicaciones de los investigadores, también se realizan estudios de las aportaciones de éstos en revistas reconocidas mundialmente, ya que al publicar en alguna de ellas, el investigador adquiere mayor certidumbre y veracidad de sus aportaciones a la ciencia (Siemens et al., 2003; Chan et al., 2006). Asimismo, la literatura revisada refiere a la no productividad o una muy limitada productividad de los investigadores lo que conlleva a que las instituciones no sean consideradas como competitivas (Abramo et al., 2013).

Van Raan (2004) menciona que desde la década de 1960 ha habido un considerable crecimiento en la realización de estudios bibliométricos para evaluar el desempeño y la productividad de la investigación. Este tipo de estudios, se han basado principalmente en las bases de datos que realizan la recolección de artículos publicados en revistas con reconocimiento internacional. Del mismo modo, menciona que las bases de datos internacionales proporcionan una manera de evaluar el desempeño de la investigación y la reputación universitaria (Van Raan, 2001). Así mismo Van den Besselaar, et al. (2007) mencionan que las bases de datos internacionales permiten medir la productividad de la investigación en las universidades y que son instrumentos poderosos para el mapeo de la ciencia y su evolución.

Otros autores como White (2007); Van der Graff y Van Eijndoven (2008) consideran de igual manera, que las bases de datos internas generadas por las instituciones de educación superior son tan importantes como las internacionales, ya que éstas incluyen todos los componentes de los resultados de las investigaciones y describen con precisión la diversidad de la investigación que se da dentro de las mismas.

En documento generado para la OCDE, se menciona que la bibliometría es un instrumento mediante el cual el estado de la ciencia se puede observar a través de la producción (Okubo, 1997). De acuerdo a la historia, la bibliometría tiene sus orígenes en los estudios estadísticos de bibliografía iniciados a finales del siglo XIX (Egghe y Rousseau, 1990), pero el término de bibliometría nace en 1969 para redefinir el alcance de un área anteriormente cubierta por la "bibliografía estadística" (Pritchard, 1969). Los instrumentos bibliométricos han evolucionado con el tiempo, estos permiten llevar a cabo el recuento de las publicaciones por país, por institución, por autor y citas para medir el impacto de los trabajos publicados por la comunidad científica. Las técnicas utilizadas se combinan para obtener medidas eficaces y detalladas de la producción de los investigadores.

La bibliometría es aplicada en una amplia variedad de campos como lo son la historia de la ciencia, las ciencias sociales, la documentación y la política de la ciencia. En 1989, se confirma en el "Manual de Frascati" la utilización de la bibliometría en las IES para el análisis de la ciencia (OECD, 2002).

Al respecto Hattie, et al. (1991) consideran que en la actualidad, la medición de la calidad se ha convertido en una preocupación importante para las instituciones, especialmente es el caso de las instituciones públicas ya que su rendimiento de investigación se encuentra vinculado directamente a la financiación en un intento de mejorar mediante "revisiones de calidad". La productividad de la investigación puede definirse como la totalidad de la investigación realizada por los académicos de las instituciones y contextos relacionados dentro de un período de tiempo determinado. Los indicadores de resultados de investigación se pueden crear para medir el desempeño y proporcionar una base para hacer juicios sobre la calidad de la investigación (Cuenin, 1987: 117-139). Por lo tanto, la obtención de indicadores de productividad debe realizarse combinando distintas fuentes de información, con el fin de que ésta sea lo menos sesgada posible.

Conclusiones

La educación superior y los productos que emergen de ella son elementos de gran relevancia en las sociedades actuales. Así mismo, el conocimiento de la estructura científica en la investigación de las ciencias sociales y los múltiples comportamientos de los investigadores en función del ámbito de sus publicaciones, es fundamental como medida del éxito o fracaso de las IES. Bajo un contexto global, la calidad en la productividad científica juega un papel crucial en el desarrollo económico, social, científico y tecnológico, por lo tanto es importante destacar que conforme ha transcurrido el tiempo, se ha tratado de medir por medio de indicadores el nivel de calidad y competitividad que tienen las IES a nivel mundial.

En los últimos años, los investigadores de las distintas IES forman parte de un sistema de evaluación para medir su producción científica por medio de indicadores lo que ha generado un esfuerzo constante por mantener altos índices de desempeño de índole nacional e internacional. En México a partir de 2002 fue creado el Foro Consultivo Científico y Tecnológico (FCCyT) el cual es el encargado de analizar el desarrollo de la ciencia, la tecnología y la innovación (CTI) del país.

Debido al proceso de globalización en el que se encuentra inmerso el país, se considera que en México es importante conocer el número de artículos publicados en revistas científicas para determinar el impacto que genera como ventaja competitiva y cumplimiento con uno de los objetivos que tienen las IES públicas de México en cuanto a la difusión del conocimiento al país. La información contenida en este trabajo representa un avance y forma parte en la elaboración de la tesis de doctorado que está realizando la autora, por lo que en siguientes publicaciones se entrara de lleno en la presentación de datos bibliométricos sobre el análisis en bases de datos de la productividad científica generada por investigadores del área de las ciencias sociales de las IES públicas de México.

Bibliografía

Abramo, Giovanni, Cicero, Tindaro y D´Angelo, Ciriaco. 2010. The dispersion of Research performance within and between universities as a potential indicator of the competitive intensity in Higher Education systems. *Journal of Informetrics* 6(1):155-168.

Abramo, Giovanni, Cicero, Tindaro y D´Angelo, Ciriaco. 2013. The impact of unproductive and top researchers on overall university research performance. *Journal of Informetrics* 7(1): 166-175.

Aksnes, Dag, Schneider, Jesper y Gunnarsson, Mmagnus. 2012. Ranking national research systems by citation indicators a comparative analysis using whole and fractionalized counting methods. *Journal of Informetrics*. 6(1): 36-43.

Albert, M. y Laberge, S. 2007. The Legitimation and Dissemination Processes of the Innovation System Approach: The Case of the Canadian and Québec Science and Technology Policy. *Science, Technology and Human Values,* 32(2): 221-249.

Ander-Egg, Ezequiel. 1996. *La planificación educativa: conceptos, métodos, estrategias y técnicas para educadores.* 7ma. Ed. Magisterio del Rio de la Plata.

Ansoff, H. 1965. *Corporate Strategy.* 1st. Ed. McGraw-Hill. New York.

Asociación Nacional de Universidades e Instituciones de Educación Superior. 2006. Consolidación y avance de la educación superior en México. http://www.anuies.mx. (16 de febrero de 2013).

Auranen, Otto y Nieminen, Mika. 2010. University Research funding and publication performance an international comparison. *Research Policy*. 39(6): 822-834.

Azma, Fereydoon. 2010. Qualitative indicators for the evaluation of universities performance. *Procedia Social and Behavioral Sciences* 2(2): 5408-5411.

Bastedo, Michael y Bowman, Nicholas. 2011. College rankings as an interorganizational dependency establishing the foundation for strategic and institutional accounts. *Higher Education* 52(1) 3-23.

Boyer, Ernest y Fredin, Susana. 1997. *Una propuesta para la educación superior del futuro.* UAM-Azcapotzaldo-FCE. Mexico.

Braczyk, Hans, Cooke, Philip y Heidenreich, Martin. 1998. *Regional innovation Systems.* 1st. edition Routledge. London.

Braslavsky, Cecilia. 1999. *Re-haciendo escuelas. Hacia un nuevo paradigma en la educación latinoamericana.* 1era. edición Buenos Aires, Argentina. Santillana.

Bronzetti, Giovanni, Mazzotta, Romilda y Nardo, Teresa. 2012. Strategic planning dimensions in italian universities. *Business Education & Accreditation* 4(1) 61-72.

Buela, Gualberto, Bermúdez, Ma. Paz, Sierra, Juan Carlos, Quevedo, Raúl, y Castro, Ángel. 2010. Ranking de 2009 en investigación de las universidades públicas españolas. *Psicothema* 22(2) 171-179.

Buela, Gualberto, Bermúdez, Ma. Paz, Sierra, Juan Carlos, Quevedo, Raúl, Castro, Ángel y Guillen, Alejandro. 2011. Ranking de 2010 en producción y productividad en investigación de las universidades públicas españolas. *Psicothema* 23(4) 527-536.

Bueno, E. 1995. La competitividad en la empresa: un enfoque de organización y una referencia a España. *Dirección y Organización* 13(1): 5-15.

Brunner, José. 1990. *Educación Superior en América Latina: cambios y desafíos.* Editorial Fondo de Cultura Económica. Chile.

Carlsson, B y Stankiewicz, R. 1991. On the nature, function and composition of technological systems. *Journal of Evolutionary Economics* 1(2): 93-118.

Carlsson, B. 1997. On and off the beaten path: the evolution of four technological systems in Sweden. *International Journal of Industrial organization* 15(6): 775-799.

Chan, Kam, Fung, Hung-Gay y Leung, Wai. 2006. International business research trends and school rankings. *International Business Review* 15(1): 317-338.

Cohen, Stephen, Teece, David, Zysman, John y Tyson, Laura. 1984. Competitiveness in global competition. The new reality. *President's Commission on Industrial Competitveness, Government printing Office.* Washington DC.

Cooke, Philip, Gomez, Mikel y Etxebarria, Goio. 1997. Regional innovation systems: institutional and organizational dimensions. Research Policy 26(4-5): 475-491.

Creso, M. Sá. 2008. Interdisciplinary strategies in U.S. research universities. *Higher Education* 55(5): 537-552.

Cruz, Jazmín y Anna Cruz. 2008. La educación superior en México. Tendencias y desafíos. *Revista de Evaluación de Educación Superior* 13(2): 293-311.

Cuenin, Sege. 1987. The Use of Performance Indicators in Universities: An International Survey. *International Journal of Institutional Management in Higher Education* 11(2): 117-139.

Cyrenne, Phillippe y Hugh, Grant. 2009. University decision making and prestige and empirical study. *Economics of Education Review* 28(2) 237-248.

Diario Oficial de la Federación. 2008. Leyes y Reglamentos. http://dof.gob.mx. (5 de mayo de 2013).

Docampo, Domingo, Herrera, Francisco, Luque Teodoro y Torres Daniel. 2012. Efecto de la agregación de universidades españolas en el ranking de Shangai ARWU: caso de las comunidades autónomas y los campus de excelencia. *El Profesional de la Información* 21(4): 428-432.

Egghe, Leo y Ronald, Rousseau. 1990. *Introduction to Informetrics: quantitative methods in library, documentation and information science.* Elsevier Science Publishers.

Etzkowitz, Henry. 2003. Innovation in innovation: the triple helix of university-industry-government relations. *Social Science Information* 42(3): 293-337.

Goodall, Amanda. 2009. Highly cited leaders and the performance of research universities. *Research Policy* 38(7):1079-1092.

Grant, Robert. 1995. Contemporary strategy analysis: concepts, techniques, applications. Basil Blackwell, Cambridge Massachussetts.

Grant, Robert. 1996. Toward a knowledge based theory of the firm. *Strategic Management Journal.* 17 (1): 109-122.

Guerra, Diódoro. 1998. *Las instituciones de educación superior y la transición de fin de siglo.* III Congreso Nacional de la Sociedad de ex-alumnos de la Escuela Superior de Medicina, Mazatlán, Sinaloa, 15 de Octubre 1998.

Hattie, J., Tognolini, J., Adams, K. and Curtis, P., 1991. *An evaluation of a model for allocating research fund across departments within a university using selected indicators of performance.* 2nd·Ed. Australia: Australian Government Publishing.

Heras, Iñaki, Marimon, Frederic, y Casadesus, Martí. 2009. Impacto competitivo de las herramientas para la gestión de la calidad. Cuadernos de Economía y Dirección de la Empresa 41(1) 7-36.

Hernández, y Rodríguez, Sergio (2004). Introduccion a la Administracion

Horstschraer, Julia. 2012. University rankings in action the importance of rankings and an excellence competition for university choice of high ability students. *Economics of Education Review* 31(6) 1162-1176.

Horta, Hugo. 2009. Global and national prominent universities internationalization competitiveness and the role of the state. *Higher Education* 58(3): 387-405.

Huang, Mu-Hsuan. 2012. Opening the black box of QS world university rankings. *Research Evaluation.* 21(1) 71-78.

Instituto Nacional de Estudios Históricos de las Revoluciones de Mexico.2013. Secretaria de Educación Pública. La primera universidad de México. http://www.inehrm.gob.mx. (1 de octubre de 2013).

Jöns, H y Hoyler, M. 2013. Global geographies of higher education the perspective of world university rankings. *Geoforum* 46(1): 1-15.

Kaufman, Roger. 2006. *Planificación de sistemas educativos.* Editorial Trillas. México.

Leydesdorff, Loet. 2006. While a Storm is ranging on the open sea. Regional development in a knowledge-based economy. *The Journal of Technology Transfer.* 31(1): 189-203.

Llinás-Audet, Xavier, Girotto, Michelle y Solé, Francesc. 2011. La dirección estratégica universitaria y la eficacia de las herramientas de gestión: el caso de las universidades españolas. *Revista de Educación.* 355(2) 33-54.

Lundvall, Bengt-Ake. 1992. *National systems of innovation: towards a theory of innovation and interactive learning.* Pinter Publishers. London.

Malerba, Franco. 2002. Sectorial systems of innovation and production. *Research Policy.* 31(2): 247-264.

McDonald, Frank, Huang, Qihai, Tsagdis, Dimitrios y Tuselmann, Heinz. 2007. Is there evidence to support porter type cluster policies. *Regional Studies*. 41(1) 39-49.

Melinkoff, Ramón. 2004. *Los procesos administrativos*. Editorial Trillas. Caracas, Venezuela.

Mintzberg, Henry. 1984. *La estructuración de las organizaciones*. Editorial Ariel. Barcelona.

Mintzberg, Henry. 1990. *El proceso estratégico*. Prentice Hall Hispanoamericana, 1er. Ed. México.

Mintzberg, Henry, Ahustrand, Bruce y Lampel, Joseph. 1999. *Safari a la estrategia*. Editorial Granica. 1er. Ed. Argentina.

Mora, José. 1999. *Los sistemas de gobierno de las universidades: una perspectiva internacional*. Editorial Sáenz de Miera. España.

Mora, José y Vieira, María. 2007. *Governance and organisational change in Higher Education: barriers and drivers for entrepreneurialism*. Editorial CEGES. Valencia, España.

Navarro, Alma y Moctezuma, Patricia. 2012. Política de internacionalización en instituciones de educación superior en México. *Global Conference on Business and Finance Proceedings* 778-783

Organización de las Naciones Unidas para la Educación, la Ciencia y la Cultura. 2009. Conferencia Mundial sobre la Educación Superior-2009: nueva dinámica de la educación superior y la investigación para el cambio social y el desarrollo. http://www.unesco.org (17 de noviembre de 2012).

Ofori, Daniel y Atiogbe, Esther. 2012. Strategic planning in public universities: a developing country perspective. *Journal of Management and Strategy*. 3(1) 67-82.

Okubo Y, 1997. Bibliometrics indicators and analysis of research systems: methods and examples. Cuadernos de trabajo de la OCDE. Paris.

Organización para la Cooperación y el Desarrollo Económico. 2002. http://www.oecd.org (23 de abril de 2013).

Paredes, Octavio y Loyola, Rafael. 2006. El conocimiento y la innovación, los grandes ausentes para el desarrollo y la competitividad en México. *Reencuentro* 45(17): 48-52.

Patiño, Luceli. 2007. Aportes del enfoque histórico cultural para la enseñanza. *Revista Educación y Educadores*. 10(1) 53-60.

Peredo, Ana María y McLean, Murdith. 2006. Social entrepreneurship: a critical review of the concept. *Journal of World Business*, 41(1): 56-65.

Pérez, F. 2001. Modelos de estructuras organizativas en las universidades en Innovaciones en la organización y gestión de las universidades. Catedra UNESCO. Madrid.

Peset, Mariano. 1987. *El recuento de los libros de matrícula de la universidad de México*. Generalitat Valenciana en CSIC. op. cit.

Phusavat, Kongkiti, Ketsarapong, Suphattra, Ranjan, Jayanthi y Lin, Binshan. 2011. Developing a university classification model from performance indicators. *Performance Measurement and Metrics* 12(3): 183-213.

Porter, Michael. 1980. *Estrategia Competitiva*. Editorial USA: The Free Press. New York.

Porter, Michael. 1985. *Competitive advantage*. Editorial USA: The Free Press. New York.

Porter, Michael. 1990. ¿Dónde radica la ventaja competitiva de las naciones? *Harvard Deusto Business Review* 44(1): 3-26.

Porter, Michael. 1998. The Adam Smith address: location, clusters and the new microeconomics of competition. *Business Economics*. 33(1): 7-13.

Pritchard, Alan. 1969. Statistical Bibliography or Bibliometrics. *Journal of Documentation*. 25(4): 348-349.

Raharjo, Henry, Min, Xie, Thong, Ngee y Brombacher, Aarnout. 2007. A methodology to improve higher a education quality using the quality function deployment and analytic hierarchy process. *Total Quality Management*. 18(10) 1097-1115.

Ramsden, Paul. 1999. Predicting institutional research performance from published indicators: a test of a classification of Australian university types. *Higher Education* 37(4): 341-358.

Reyes, Oscar y Reyes Marcela. 2012. Percepción de la calidad del servicio de la educación universitaria de alumnos y profesores. *Revista Internacional Administración y Finanzas* 6(2):87-98.

Rindfleish, Jennifer. 2003. Segment profiling reducing strategic risk in higher education management. *Journal of Higher Education Policy and Management*. 25(2) 147-159.

Robles, Martha. 1977. *Educación y Sociedad en la historia de México*. Editorial Siglo XXI. México.

Roca, Vicente y Bou, Juan Carlos. 2007. La madurez industrial y los resultados económicos: un análisis empírico del efecto moderador de la estrategia competitiva. *Cuadernos de Economía y Dirección de la Empresa.* 33(1) 157-178.

Rowley, Daniel. 1997. *Strategic Change in Colleges and Universities: planning to survive and prosper.* Editorial Jossey-Bass. San Francisco, CA.

Salinas, Jesús. 2002. Modelos flexibles como respuesta de las necesidades a la sociedad de la información. *Revista Acción Pedagógica* 11(1): 4-13.

Schmoch, Ulrich y Schubert, Torben. 2008. Are international co-publications an indicator for quality of scientific research. *Scientometrics* 74(3): 361-377.

Schumpeter, J. 1954. *History of Economic Analysis.* Editado por E. Boody. New York. Oxford University Press.

Scott, Allen. 1985. Procesos de localización, urbanización y desarrollo territorial: un ensayo exploratorio. *Estudios Territoriales.* 17(1): 17-40.

Serna, Humberto. 2000. *Gerencia Estratégica: planeación y gestión, teoría y metodología.* 3R Editores. Bogotá.

Siemens, Jennifer, Burton, Scot, Jensen, Thomas, y Mendoza Norma. 2005. An examination of the relationship between research productivity in prestigious business journals and popular press business school rankings. *Journal of Business Research* 58(4): 467-476.

Sistema Integrado de Información Científica y Tecnológica. 2011. Indicadores de Actividades Científicas y Tecnológicas 2011. http://www.siicyt.gob.mx. (23 de abril de 2013).

Soto, Julio. 2009. La defensa nacional de la "A" a la "Z". Algunas definiciones y conceptos. *Revista Política y Estrategia.* 114(1): 291-317.

Stolz, Ingo, Hendel, Darwin y Hom, Aaron. 2010. Ranking of rankings: benchmarking twenty-five higher education ranking systems in Europe. *Higher Education* 60(5): 507-528.

Stoner, James, Freeman Edward y Gilbert, Daniel. 2004. *Administración.* 5a. ed. Prentice Hall Hispanoamericana, S.A. México.

Taylor, Brian y Harris, Geoff. 2004. Relative efficiency among South African universities: a data envelopment analysis. *Higher Education* 47(1) 73-89.

Tofallis, Chris. 2012. A different approach to university rankings. *Higher Education* 63(1): 1-18.

Torres, Daniel, Delgado Emilio, García, José y Herrera, Francisco. 2011. Rankings ISI de las universidades españolas según campos científicos: descripción y resultados. *El Profesional de la Información*. 20(1) 111-118.

Valles, Miguel. 1997. *Técnicas Cualitativas de Investigación Social*. Editorial Síntesis. Madrid.

Van den Besselaar, P, Edler, J., Heimeriks, G., Henriques, L., Larédo, P., Luukkonen, T., Nedeva, M., Schoen A. and Thomas, D. 2007. Toward ERA configurations: an experiment on chemistry. In Workshop ′*Beyond the dichotomy of national vs. European science systems: configurations of knowledge, institutions and policy in European research*′, Boon (Vol.30).

Van der Graaf, Maurits and Kwame van, Eijndhoven. 2008. *The European Repository Landscape Inventory Study into the Present Type and Level of OAI-Compliant Digital Repository Activities in the EU*. Amsterdam University Press.

Van Raan, Anthony. 2001. Competition amongst scientists for publication status: toward a model of scientific publication and citation distributions. *Scientometrics* 51(1): 347-357.

Van Raan, Anthony. 2004. *Measuring science. In Handbook of Quantitative Science and Technology Research*, eds H Moed, W Glänzel and U Schoch, p. 19-50. Dordrecht: Kluwer Academic Publishers.

Varela, Gonzalo. 2006. The higher education system in México at the threshold of change. *International Journal of Educational Development* 26(1): 52-66.

Vieira, Elizabeth y Gomes, José. 2010. A research impact indicator for institutions. *Journal of Informetrics* 4(4): 581-590.

White, Wendy. 2007. *Opening access and closing risk: deliverting the mandate for e-theses deposit*. In etd 2007 ADDED VALUES TO E-THESES, 10TH International Symposium on electronic Theses and Dissertations, Uppsala, Sweden, 13-16 June 2007, p. 6.

Wu, Hung-Yi, Chen, Jui-Kuei y Zhuo, Hhsin-Hui. 2012. Ranking universities based on performance evaluation by a hybrid MCDM model. *Measurement* 45(5): 856-880.

2
Gasto público productivo y crecimiento económico en México, 1993-2011

Una de las principales metas de las políticas públicas a nivel macroeconómico, si no es que la más importante en la actualidad es el crecimiento económico. En función de ello, las autoridades gubernamentales en la búsqueda de maximizar los intereses de la sociedad deben garantizar que el país cuente con un crecimiento sostenido, tal que les ayudará a llegar a otro de sus propósitos que es el de satisfacer las necesidades de los individuos, lo cual lleva a plantearse qué es lo que un país puede hacer para propiciar el crecimiento económico.

En relación al tema del crecimiento económico existe numerosa literatura que puede aportar en la explicación del problema en cuestión. El presente capítulo tiene como finalidad contribuir a la literatura que considera que el gasto público productivo tiene un impacto positivo sobre el crecimiento económico, definiendo al primero como obras públicas y acciones sociales, es decir que toma en cuenta las asignaciones del gobierno para la creación de infraestructura física y programas que permiten aumentar el bienestar social de la población; mientras que el gasto público engloba los gastos totales del gobierno en los que se incluye el gasto público productivo. El interés particular son las entidades que conforman México, tomando una delimitación temporal para el periodo 1993-2011, en razón de la información con la que se cuenta respecto a las variables independientes y dependiente; por lo que se establece una hipótesis que expone que el crecimiento económico de México para el periodo de análisis fue determinado, "principalmente", por la relación directa que comparte con el gasto público productivo, es decir, un aumento en el gasto público productivo genera un incremento en el crecimiento económico o una disminución en el mismo gasto crea un decremento en las cantidades de la variable dependiente de análisis.

De acuerdo con lo anterior, el objetivo principal consiste en determinar el efecto y la magnitud que el gasto público productivo tiene sobre el crecimiento económico de las entidades de México para el periodo 1993-2011, basando este objetivo en otros más específicos que consisten en identificar la proporción en la que el gasto público afecta al crecimiento económico, comprobar si el gasto público productivo en los estados que conforman a México influye de forma positiva en el crecimiento económico de las mismas y generar propuestas capaces de hacer eficiente la distribución del gasto público productivo para mantener tasas competitivas de crecimiento económico, por lo que se asume que el crecimiento económico para las entidades mexicanas es determinado principalmente por la relación directa que mantiene con el gasto público productivo.

Se realiza un análisis econométrico con datos de las entidades federativas de México en el periodo 1993-2011. Utilizando como variables de control los impuestos, educación promedio e inversión extranjera directa (IED).

En la primera sección, los esfuerzos se centran en la presentación de un modelo teórico que explica la relación crecimiento económico versus gasto público productivo. La segunda, tiene como interés determinar el efecto y magnitud que el gasto público productivo tiene sobre el crecimiento económico y para ello se revisa literatura empírica internacional y nacional, en donde ésta última permite destacar la relevancia y pertinencia de este trabajo. La tercera describe los datos que se utilizan en las estimaciones econométricas, haciendo énfasis en la relación entre la tasa de crecimiento económico y el gasto público productivo. La cuarta presenta el modelo econométrico y los resultados. Por último, se concluye y realizan, a partir del diagnóstico, una serie de observaciones de política económica.

1. Economía del crecimiento, el papel del gasto público productivo

El crecimiento económico como ya se indicó antes es uno de los principales objetivos de los gobiernos, y para tener una medición exacta de este crecimiento por lo general se toma como medida el Producto Interno Bruto (PIB) per cápita, es decir el PIB dividido entre la población.

Dentro del crecimiento del PIB se identifican las variables que interactúan con él las cuales son el consumo, expresado en bienes y servicios adquiridos por los individuos; la inversión, que se refiere a la compra por parte de las empresas de máquinas o plantas y compra de nuevas viviendas; las importaciones, que son compras de productos y servicios extranjeros por nacionales; las exportaciones, que son las compras de productos y servicios nacionales por extranjeros; y por último el gasto público que es el que nos interesa, expresado en los productos y servicios que el Estado adquiere en sus diferentes instancias (Blanchard, 2007: 52-53).

La variable de gasto público productivo se desprende del gasto público neto mencionado arriba y de acuerdo a la hipótesis planteada la primera impacta positivamente las variaciones del PIB. Y para dar sustento a la afirmación de que el gasto público productivo mantiene una relación positiva con el crecimiento económico se puede aludir a diferentes trabajos teóricos que han llegado a la conclusión de que el gasto público productivo actúa en beneficio de la economía incentivando el crecimiento económico, manteniendo la misma relación para el gasto público neto.

1.1 Modelo teórico de gasto público productivo de Sala-i-Martin

En lo que respecta a la parte teórica sobre la cual se apoya el trabajo se hace referencia a un modelo de gasto público e impuestos desarrollado por Sala-i-Martin (2000:135-143), en el cual el gobierno aparece a través de su gasto (tal como la compra de carreteras, armamento, tecnología, parques públicos, etcétera) e impuestos que lo financian. El supuesto básico es que el gasto público productivo es deseable; para que el gasto público sea deseable, se incorpora como argumento positivo en la función de producción, además de introducirse en la función de utilidad de los consumidores.

Cabe destacar que se sigue el modelo de Barro (1990) en el cual el gasto público es productivo, dependiendo del capital privado, K, y un factor de producción provisto por el sector público, G, por lo que el gasto público por persona, G/L, se denotará con la letra g y se introducirá en la ecuación; además, se suponen rendimientos constantes a escala, pero existen rendimientos decrecientes de cada uno de los factores.

$$y_i = Ak_j^{\alpha}g_j^{1-\alpha} \tag{1}$$

Se considera que g es un bien público que tiene la característica de ser no rival y no excluible. Por lo que respecta k_j se refiere a las cantidades de capital privado de la empresa j; mientras que g_j son las cantidades de bien público que el Estado destina a la empresa j. Los bienes públicos se introducen como flujos productivos y no como bienes de capital acumulable. Cada individuo representa una pequeña parte de la economía y el gasto público está dado; el Estado tiene equilibrio en su presupuesto en el tiempo (no existe déficit público). La única fuente de ingreso para el gobierno son los impuestos, τ, constante. La función de utilidad de maximizada por los individuos es:

$$U(0) = \int_0^\infty e^{-(\rho-n)t} \left(\frac{c_t^{1-\theta} - 1}{1-\theta} \right) \tag{2}$$

La restricción presupuestaria de la familia indica que la producción obtenida menos la producción que se paga al gobierno como impuestos se reparte entre consumo e inversión bruta, que es igual a la inversión neta $\dot{k}$ más la depreciación $(\delta + n)k$:

$$\dot{k} = (1-\tau)Ak^\alpha g^{1-\alpha} - c - (\delta + n)k \tag{3}$$

Como se habla del largo plazo, el presupuesto es equilibrado, no hay déficit o superávit fiscal. La recaudación del Estado es $\tau Ak^\alpha g^{1-\alpha}$ unidades de renta que se transforman en un volumen de bienes públicos, g. La restricción presupuestaria del sector público es:

$$g = \tau y = \tau Ak^\alpha g^{1-\alpha} \tag{4}$$

Los agentes individuales optimizadores no toman en cuenta el papel que juegan sus inversiones en la cantidad gastada por el gobierno, por lo que el gasto público lo consideran como dado.

Por último se obtiene la tasa de crecimiento en función de los parámetros $\tau, \rho, \delta, \theta, \alpha$ y A, a los cuales se les puede asignar distintos valores con el objetivo de exponer y explicar distintos resultados por medio de estas interacciones:

$$\frac{\dot{c}}{c} = \gamma_c = \frac{1}{\theta} \left((1-\tau)\alpha A^{1/\alpha} \tau^{\frac{1-\alpha}{\alpha}} - (\delta + \rho) \right) \tag{5}$$

Como se puede observar la tasa de crecimiento del consumo es constante, al ser una función de constantes; en el estado estacionario las tasas de crecimiento del consumo y del capital son iguales $\gamma_c^* = \gamma_k^* = \gamma^*$. El consumo es siempre proporcional al capital y el crecimiento del capital es permanente a una tasa constante. En relación a la restricción presupuestaria del sector público, ya que τ es una constante y k crece a una tasa constante, g se comporta de la misma forma. Los factores y, por tanto, la producción deben crecer a una tasa γ^*.

Por otro lado para que las distorsiones causadas por la recaudación de recursos que financian el gasto público productivo, puedan maximizar el crecimiento de la economía sin desincentivarla, es necesario que la tasa de crecimiento sea $\gamma^* = 1 - \alpha$, es decir, la participación que se determina por la tecnología debe ser igual a la participación del producto proveniente del Estado. Se debe destacar que el bien físico y es igual al bien físico g, ya que el Estado se encarga de dotar a las empresas de bienes públicos, sin existir un proceso de transformación de estos bienes. Por lo que, para obtener el producto marginal de g, se requiere la condición de eficiencia $(1 - \alpha)\dfrac{y}{g} = 1$; así que el gobierno debe escoger las cantidades eficientes, τ, para poder maximizar la tasa de crecimiento, teniendo que si el gobierno escoge $\tau = 1 - \alpha$, esta será una cantidad que optimiza el crecimiento:

$$\gamma^*_{max} = \frac{1}{\theta}\left(\alpha^2 A^{1/\alpha} (1-\alpha)^{\frac{1-\alpha}{\alpha}} - \rho - \delta \right) \tag{6}$$

Tomando en cuenta así que tanto el bien "g" y el bien "y" son idénticos, pues se recaudan unidades del bien físico por parte del gobierno, que posteriormente se transfieren a las empresas en forma de bien público sin haber un proceso de transformación de por medio; en la ecuación se denota que si se calcula el producto marginal de g, entonces se requiere que $(1-\alpha)\dfrac{g}{y} = 1$, por lo que se obtuvo como ya se ha planteado que $\dfrac{g}{y} = \tau$ y a su vez $\tau = 1 - \alpha$,

obteniendo así la influencia del bien público a partir de la implementación de un τ óptimo. Donde cabe resaltar que la influencia de un gasto público óptimo se verá reflejada por la cantidad óptima de los impuestos. Por otra parte, suponiendo que $\alpha < 1$ se propicia una tasa de crecimiento inferior para todo τ, con lo que el sector privado invertirá menos del óptimo dado que los impuestos que financian g son distorsionantes. De esta forma el gasto público productivo tiene un efecto positivo sobre el crecimiento y se considera complementario de la inversión privada.

Resumiendo los resultados encontrados por Sala-i-Martin (2000) se tiene que éste identifica que el financiamiento de los bienes públicos puede llevar a distorsiones en la inversión y el crecimiento debido a que la recaudación de estos representa un costo para los privados; de esta forma mientras el gasto público productivo tiene un efecto positivo sobre el crecimiento y se considera complementario de la inversión privada, los impuestos podrían llegar a generar desplazamientos de la inversión privada si sus niveles no son los óptimos.

Siguiendo los hallazgos arrojados a partir de esta sección donde el gasto público productivo mantiene una relación positiva con el crecimiento económico, se intenta señalar con resultados empíricos a partir de revisión de literatura nacional e internacional, que en efecto estas relaciones planteadas aplican para diferentes contextos dentro de las economías mundiales, con el fin de corroborar la hipótesis de que el gasto público productivo mantuvo una relación positiva con el crecimiento económico de México durante el periodo de 1993-2011.

2. Gasto público productivo como motor del crecimiento económico

A partir de la evidencia empírica se explica el papel que el crecimiento económico juega dentro de las economías afectadas por la influencia del gasto público; por otra parte también se incorpora la influencia que tiene el gasto público dentro de la estructura económica, no acotándose solamente a un gasto público generalizado, sino observando sus diferentes vertientes, tal como lo puede ser el gasto público en infraestructura, pero dejando en claro que el interés sobre el cual se centra la investigación es el de evidenciar la importancia que tiene el gasto público a un nivel más agregado , como lo es el gasto público productivo, por lo que este rubro engloba todo aquel gasto gubernamental que sirve para generar mayor productividad y por ende propiciar un crecimiento al interactuar en la estructura económica.

Se han encontrado diversos resultados dependiendo de los objetivos, perspectivas y contextos investigados, tales como una relación positiva en algunos tipos de gasto público productivo, mientras que en otros no; relaciones y magnitudes diferentes dependiendo de ciertos eventos; efectos de desplazamientos en inversión; niveles de gasto público óptimo y causalidad entre las variables, entre otros.

2.1 Estudios nacionales

Los estudios nacionales que se muestran en esta sección evidencian que hasta el momento no existe una investigación específica la cual utilice las relaciones de gasto público productivo y crecimiento económico para México en el periodo de 1993 a 2011, además de no hacer uso de esta misma delimitación geoespacial, ni realizar regresiones con el método de panel de datos.

Encontrar la asociación de los factores estructurales para observar las dinámicas de interacción entre la población y las actividades económicas es el principal objetivo de la utilización de políticas públicas y programas sociales, teniendo como herramienta la inversión pública, tal que le permite a los hacedores de política pública poner en marcha los estímulos que moldearán y darán dirección a la economía de la región de estudio.

Para el Banco Mundial (2006), si se parte del análisis para varios estados con perfiles homogéneos, estos en general podrían ser ejemplos de entes económicos que propician la generación de crecimiento debido a las proporciones de gasto público específico que se destinan a la creación y mantenimiento de infraestructura, pudiéndose decir que el gasto público en subvenciones y su relación positiva con el crecimiento económico depende del tipo de proyecto o área a la que se dirijan, además de que lo anterior obedece al perfil y contexto de los países analizados.

Por lo que se elabora un análisis de las políticas de inversión pública destinadas a áreas como lo es la educación por estado, realizando una explicación de los montos de gasto a nivel nacional, encontrando que entre 1998-2004 el gasto público presentó un incremento de 114,700 millones de pesos a 276,044 millones a nivel nacional, mientras que en el centro se triplicó de 26,752 millones de pesos a 80,065 millones, así se destaca que las cantidades de gasto en los niveles de educación básica y normal fueron mayores para el centro del país, siendo el Estado de México, el Distrito Federal y Puebla los más beneficiados.

Cabe destacar que dentro del gasto público se encuentra una vertiente que se puede definir como gasto público en infraestructura, el cual es asignado a partir del presupuesto establecido por el gobierno, con lo que se han elaborado trabajos en los que la influencia de la infraestructura pública juega un papel determinante para la generación de crecimiento económico, este argumento aplicado a un nivel más desagregado en el trabajo de Barajas y Gutiérrez (2012) quienes realizaron un análisis para las ciudades fronterizas del norte de México en relación a su infraestructura en un periodo de 1993-2005 encontrando, tal como lo plantea el Banco Mundial (2006), que el gasto en algunas áreas es determinante para que se dé el crecimiento económico tal como lo pueden ser la infraestructura en energía, transporte y telecomunicaciones.

Barajas y Gutiérrez (2012) hacen énfasis en que áreas como las redes de carreteras no se presentan como determinantes para el crecimiento debido a las mayores interacciones que se dan con el extranjero y menores con el interior del país, tomando en cuenta que la región de estudio fue la frontera norte de México es plausible esperar que estas aseveraciones sean correctas.

El papel que el gasto público juega dentro de las economías puede ser muy diferente pues además de afectar el crecimiento económico directamente, éste puede llegar a ser afectado indirectamente, tal como lo plantean Calderón y Roa (2006) quienes analizan en qué medida la inversión privada en México ha sido desplazada por el gasto público corriente. Planteando un modelo para el periodo 1988-2002, un segundo para 1987:01-2004:04 y un tercero para 1995:01-2003:01, teniendo resultados en los que existió un efecto de desplazamiento entre gasto privado y gasto público, además de una relación inversa entre la formación bruta de capital fijo con el gasto corriente total y el desempleo para la primera estimación; mientras que para la segunda y tercera se muestra un *crowding out* entre la inversión y el gasto corriente.

Concluyendo así que el gasto corriente total en relación a la inversión real total mantiene una relación inversa, caso en el que el gobierno podría restringir el gasto debido a que el incremento de éste generará un *crowding out* de la inversión privada. La presencia de *crowding out* explica que existió expansión del gasto corriente público y que el gasto público en infraestructura se contrajo para mantener el equilibrio.

Existen trabajos en los que se requiere demostrar que la generación de riqueza no proviene del ahorro, con este fin Hernández (2010) construyó un modelo en el que se estableció que la generación de riqueza proviene de las políticas públicas y acciones privadas que traerán como resultado en su momento una inversión productiva. De ahí que la inserción del gasto público productivo no contribuirá a la generación de riqueza si no es destinado a la creación de oportunidades de inversión rentables. La riqueza no depende de la capacidad de generación de ahorro, pues ésta estriba en las políticas públicas y las acciones privadas, tales que deben crear las condiciones necesarias para que la inversión productiva se dé.

Se construyó un modelo de dos sectores con cinco estimaciones manifestándose una relación entre el crecimiento económico y el gasto público, donde el periodo delimitado va de 1980 al 2009, esto para la economía mexicana tomando en cuentas variables como la formación bruta de capital físico, la inversión física del sector público y la población económicamente activa.

Obteniendo que la inversión pública presenta efectos positivos para el corto plazo, pero poco significativos; un efecto mayor se presenta cuando se deja de lado la inversión privada debido a la combinación de capital público y el insumo laboral en la generación de la producción; además se encontró que la inversión pública sustituye a la inversión privada cuando existen dos factores en el proceso productivo y para finalizar se explica que no hay eficiencia estructural en el aparato productivo de la economía mexicana en el periodo establecido, ya que si sólo se observa la presencia de la inversión privada o pública en la economía como factores productivos la hipótesis de complementariedad sería herrada pues existen efectos contradictorios entre sí.

Un trabajo más específico de la incidencia del gasto público sobre el crecimiento económico y que hace énfasis hacia la frontera norte de México es el de Sánchez y García (2014), en el que se utilizan variables de control como la inversión extranjera directa, la formación bruta de capital fijo y la educación, para así estimar un modelo econométrico de panel de datos para el periodo 2003 a 2011 y considerándose datos para los 31 estados de México y el Distrito Federal; se encontraron resultados en los que el gasto público mantiene una relación inversa tanto a nivel nacional como en la frontera norte, respecto a la variable dependiente.

Las conclusiones generales a las cuales se llega en concordancia a los estudios realizados para México son que en general el gasto público productivo presenta una relación negativa o poco significativa sobre el crecimiento económico, tomando en cuenta que los estudios elaborados sobre este tema varían en metodología y muestra, además de existir diferentes distorsiones que afectan la optimización de este gasto sobre el crecimiento económico.

2.2 Estudios internacionales

Los estudios internacionales que se describen en esta sección sirven para observar las metodologías con las cuales autores alrededor del mundo han trabajado, teniendo como fin definir las relaciones y proporciones que se han encontrado entre el crecimiento económico-gasto público en diferentes estructuras económicas; al mismo tiempo se busca sustentar la inclusión de las variables que pueden ayudar a definir qué es lo que genera el crecimiento de una economía.

Para dar sustento a la afirmación de que el gasto público mantiene una relación positiva con el crecimiento económico, se puede hacer referencia al escrito de Aschauer (1989) en donde señala que un incremento en infraestructura que dota de bienes y servicios públicos a determinada economía propicia un crecimiento en la producción y la disminución de la infraestructura traerá como resultado una caída de la producción.

Con el fin de sostener mediante bases empíricas la afirmación de Aschauer se tomó en cuenta el periodo 1949 a 1985, con datos anualizados para la producción, horas de trabajo, capital privado y productividad, para una economía de negocios privada; el método utilizado fueron mínimos cuadrados ordinarios y un coeficiente de autocorrelación de primer orden. Demostrando que el gasto público en infraestructura no militar es determinante para el crecimiento económico y sugiriéndose un papel importante por parte del stock de capital público neto en la desaceleración de la productividad de 1974 a 1989.

Como referencia para exponer la relación entre el crecimiento económico y el gasto público está la investigación empírica realizada por Yasin (2003) quien delimita espacialmente para África Sub-Sahariana y toma en cuenta como variables para el modelo el gasto del gobierno, la asistencia extranjera para el desarrollo y la apertura comercial. Este estudio examina también los efectos de dos tipos de gasto público, que son el gasto del gobierno doméstico sobre la formación de capital y los ingresos extranjeros de la asistencia para el desarrollo.

Para realizar el análisis se corrió un modelo de panel de datos, aplicando efectos fijos y aleatorios. Este estudio usa datos de 26 países de África Sub-Sahariana, cubriendo un periodo de 1987 a 1997. Los resultados arrojados indican que el gasto del gobierno, la apertura comercial y el gasto en inversión privada, presentan una relación positiva y significativa sobre el crecimiento económico. Por otra parte, la asistencia extranjera para el desarrollo y la tasa de crecimiento poblacional son estadísticamente no significativas.

Por su parte Posada y Escobar (2004) explican las relaciones del gasto público y el crecimiento económico, planteándose un caso para Colombia en el periodo 1982-1999 en donde se destaca que el incremento en gasto público ha generado una desaceleración del crecimiento económico, pues tal como la teoría económica lo indica el gasto público puede ser productivo pero que más allá de un cierto nivel es un freno para el crecimiento.

Se plantea una metodología en la que se realiza un modelo de panel para una muestra de 83 países de 1982 a 1999, obteniendo así resultados que explican que Colombia aun teniendo niveles de gasto público altos, siguió incrementando los niveles generando así un exceso que traería como consecuencia que la tasa de crecimiento de la economía se viniera abajo y corroborando así el supuesto de que una desaceleración de la economía podría ser resultado de un exceso en los niveles de gasto público.

La investigación empírica realizada por Loizides y Vamvoukas (2005) trata de encontrar el tamaño óptimo de la participación del gobierno en gasto público y observar si su efecto es positivo sobre el crecimiento económico a largo plazo, teniendo en cuenta que las relaciones gasto público-crecimiento económico puede ser bicausal, es decir, las dos pueden ser determinantes entre sí.

Los autores basan sus mediciones sobre cómo las participaciones del total del gasto en el Producto Nacional Bruto pueden ser determinadas por la tasa de crecimiento económico, o si la tasa de crecimiento económico puede ser determinada por el tamaño del gobierno de acuerdo a la causalidad de Granger para los casos de Grecia, Reino Unido e Irlanda. De este modo se realizó un modelo de corrección con error bivariado dentro de una estructura de causalidad de Granger, utilizándose para esto variables explicativas como lo son el desempleo y la inflación; cabe destacar que la variable de gasto público real es medida como el gasto en bienes y servicios de las autoridades públicas sin contar los pagos de transferencia, esto es consumo y formación bruta de capital fijo. Analizando por último, los test bivariado y trivariado para tratar de dar explicación a las relaciones causales entre las variables.

Encontrando que el tamaño de gobierno causa crecimiento económico en todos los países de la muestra para el corto y el largo plazo, rechazando así la hipótesis de que expansiones públicas impiden el crecimiento económico de estos países. El crecimiento de las tasas de impacto relacionadas con el sector público es positivo significando que el gasto público promueve el desarrollo económico en general; el crecimiento económico incrementa el gasto público en Grecia y cuando se incluye la inflación también en Reino Unido, corroborándose la hipótesis de la ley de Wagner.

Un enfoque interesante es el propuesto por Díaz y Revuelta (2009) quienes analizan que la ley de Wagner y la conjetura keynesiana se cumplan para España y América Latina en el periodo 1960 a 2000. Realizaron un modelo de panel de datos en el que se introdujeron 19 países, con el que se obtuvo que en la mayoría de los territorios de interés y en el periodo establecido se ha tratado de hacer determinante la presencia de gasto público dentro de las economías, situación en la cual entra España, aunque cabe destacar que este comportamiento no es homogéneo, ya que existen otros Estados en los que el papel del gasto público se dio en menor proporción tal como puede ser el caso de Venezuela, El Salvador, República Dominicana y Haití. Dentro del periodo de estudio se han encontrado resultados de corte keynesiano en los que el gasto público es el que genera crecimiento económico y particularmente esto se ha presentado para España, mientras que para otras economías no se puede decir lo mismo, planteando así que los resultados encontrados muestran una forma heterogénea debido a que los contextos que las economías presentan a través del globo difieren unos de otros.

Dentro del estudio del crecimiento económico-gasto público existen resultados variados, por lo que se trata de demostrar que la utilización de muestras de países y clasificaciones de gasto público específicas son la fuente de estos resultados como lo explican Bayraktar y Moreno (2012), quienes elaboran un agrupamiento de países separándolos en muestras para países desarrollados que son homogéneos en términos de sus tasas de crecimiento per cápita y donde el otro grupo presentado es más heterogéneo.

Se realizó un panel dinámico para la obtención de los resultados, teniendo como variable a explicar la tasa de crecimiento del PIB per cápita real y como variables explicativas están la proporción de exportaciones más importaciones del PIB, el índice inicial de capital humano, la proporción de los ingresos fiscales totales respecto del PIB, la proporción del gasto público total respecto al PIB para un periodo anterior, la proporción de la balanza de pagos respecto al PIB y la tasa de inflación.

La conexión entre el crecimiento económico y el gasto público es fuerte sólo para países con una estabilidad macroeconómica y un aumento dinámico del PIB per cápita. El gasto público en sectores centrales que están constituidos por la formación del gasto corriente y el gasto de capital en infraestructura, salud, educación y otros sectores económicos, son críticos para el desarrollo y pueden tener un efecto significativo sobre el crecimiento.

En lo que respecta a la validez de las relaciones lineales entre el crecimiento económico y el gasto público, existe una investigación en la que Christie (2012) realiza una hipótesis donde sugiere que la relación lineal crecimiento económico-gasto público no es válida. En caso de probarse que la hipótesis planteada es correcta, habría evidencia para mostrar la ambigüedad de la literatura empírica sobre el crecimiento, mostrando de esta forma que el efecto del gasto del gobierno sobre el crecimiento económico de largo plazo varía con su tamaño, sentando las bases para buscar la existencia de tamaños óptimos de gobierno que maximizarían el crecimiento económico.

La hipótesis se realiza mediante un umbral incorporado en una regresión de crecimiento a través de países. La metodología utiliza una estructura de marco de muestra e intenta identificar y probar los cambios en la pendiente. Se utilizaron datos de panel para 136 países en el periodo de 1971 a 2005. Como variable dependiente se tiene el crecimiento anual del PIB per cápita, y como independientes están el total del gasto del gobierno central como porcentaje del PIB, gasto productivo del gobierno central como porcentaje del PIB, logaritmo del PIB per cápita inicial, la tasa de inflación, la inversión como porcentaje del PIB, exportaciones más importaciones como porcentaje del PIB, promedio de años de escolaridad y un indicador de efectividad del gobierno.

Se encontró evidencia de que la hipótesis de no linealidad no se rechaza para un amplio grupo de países. Hay un efecto negativamente fuerte sobre el crecimiento para el total del gasto de gobierno por arriba del 33% del PIB. La evidencia sugiere que el nivel de desarrollo económico y la calidad del gobierno presentan fuentes adicionales de posibles no linealidades. Cuando los países en desarrollo y desarrollados se analizan por separado, el umbral es bajo para los países desarrollados entre 26 y 32%. Para países desarrollados de Asia y Europa Asia Central, el gasto de gobierno debajo del umbral tiene un efecto positivo y significativo. Una buena calidad del gobierno mitiga algunos de los efectos negativos, teniendo que las no linealidades son más pronunciadas en países con menos efectividad en los gobiernos.

Los resultados encontrados son muy variados y esto se puede observar más claramente en esta sección, teniendo en general situaciones en las que la relación principal planteada se presenta como positiva, aunque hay que destacar que en ciertos contextos la relación crecimiento económico-gasto público es negativa, generándose de esta manera un desplazamiento de la inversión privada debido a que la forma de financiar el gasto se da por medio de la recaudación de impuestos, tales que podrían presentarse como cantidades no óptimas.

Aunque el gasto gubernamental como ya se mencionó, aparezca como un incentivo al crecimiento económico, se debe mencionar que en algunos casos este debe ser moderado, es decir, deben controlarse las cantidades de gasto público ejercidas sobre la economía, pues excesos en los niveles de participación estatal traerán como resultado una reducción del crecimiento. Y por último hay evidencia de que quizá no exista una relación lineal entre el crecimiento económico y el gasto público, por lo que se apoyaría la hipótesis establecida por Wagner en la que el crecimiento económico es el que propicia el aumento del gasto gubernamental.

Como se puede observar, a través de la revisión de literatura se trata de realizar un acercamiento a los factores que propician el aumento en el crecimiento económico y de encontrar las relaciones y magnitudes en que es afectado, claro está que dentro del análisis se hace énfasis al papel que el gasto público ha jugado para la economía respecto a diferentes delimitaciones temporales y espaciales.

Por lo que el desarrollo y análisis de esta sección ha resultado útil para establecer las formas en las que el gasto público puede aparecer, además de observar cómo puede relacionarse dentro de diversas estructuras económicas y contextos. Para finalizar, es necesario mencionar que este capítulo pretende aportar nuevos evidencia con la que se pueda reafirmar la hipótesis que establece que a mayor gasto público productivo mayor será el crecimiento económico en México; de esta manera las secciones siguientes pretenden apoyar lo anterior con base a las relaciones estadísticas y análisis econométrico.

3. Gasto público productivo y crecimiento económico en México

La relación del gasto público y crecimiento económico se supondría debe ser positiva a partir de la literatura teórica que se ha abordado, pero por el contrario se han encontrado relaciones negativas respecto a la literatura empírica consultada para México; para verificar esto se usan estadísticas oficiales que permiten observar los comportamientos que las variables presentan para México durante el periodo 1993-2011.

Esta sección centra esfuerzos en presentar información que dé cuenta del comportamiento del crecimiento económico, el gasto público productivo, los impuestos, la educación (capital humano) reflejada en la escolaridad promedio en las entidades mexicanas (se refiere al promedio de años de instrucción escolar) y la inversión extranjera directa.

Para observar claramente el comportamiento de los factores analizados se incorpora gráficamente la tendencia por medio de tasas de crecimiento durante el periodo 1994-2011 para las distintas variables.

3.1 Crecimiento del PIB per cápita, gasto público productivo, impuestos, escolaridad promedio e inversión extranjera directa

A continuación se presentan las cifras en torno a México para las diferentes variables, tales que representan las trayectorias en las tasas de crecimiento que se siguen dentro del periodo 1994-2011 para el total de la economía mexicana; así como los valores para las entidades con mayores niveles en tasas medias anuales de crecimiento entre 1993-2011, lo anterior para la variable dependiente, la variable de interés y las de control.

En la figura 3.1 se expone la trayectoria que el PIB per cápita y el gasto público productivo nacional tuvieron entre 1994-2011 en conjunto, habiendo una tendencia cíclica en la que en algunos años han existido aumentos y disminuciones pronunciadas para ambas variables; en el año 1994 el PIB presentó una tasa de 3.59% y finalizó en 2011 con una tasa de crecimiento de 2.32%, con lo que la caída entre estos años fue de 1.27%; en relación a 1994 se presentó una caída de 11.80% para 1995, esto cambió hasta llegar a un incremento de 14.96% en 1996; subsecuentemente se presenta una baja hasta 1998 de 6.19% y una recuperación en 2000 de 2.08%, cayendo nuevamente en 2001 en gran medida con un valor de 4.73%.

Mostrándose de esta manera la trayectoria cíclica de la que anteriormente se había hablado, pues el aumento volvió a generarse a partir de este punto hasta llegar a un valor del 4.88% para 2006 pero nuevamente la economía sufrió una baja en el PIB per cápita de 5.54% en 2009, convirtiéndose ésta en la caída más pronunciada después de 2008 para el periodo de análisis; al término del periodo existió una recuperación como era de esperarse de acuerdo a la tendencia que el PIB per cápita exhibió a lo largo del periodo, cerrando con un incremento de 4.67% en 2011 y teniendo una tasa media anual de crecimiento de 1.24%.

Se puede decir que algunas de las contracciones en el PIB per cápita pueden estar asociadas a las crisis que se presentaron nacional e internacionalmente y que afectaron a la economía mexicana durante el periodo abordado. Es así que sin falta se hacen evidentes caídas en los años 1995, 2001 y 2007, teniendo que la crisis nacional del año 1995 fue la que provocó una mayor contracción debido al efecto directo sobre la economía mexicana, cabe destacar que las crisis mostraron sus efectos negativos al siguiente año de generarse, es decir, las crisis de las que se habla se dieron en 1994-1995, 2000-2001 y 2006-2007; respecto a las crisis internacionales que tuvieron origen en los Estados Unidos se observa que las consecuencias indirectas sobre la economía de México fueron mucho menores. Concluyendo que aunque los efectos de las crisis financieras internacionales son lo suficientemente fuertes como para afectar de forma negativa a la mayoría de las economías del mundo, estos efectos no se comparan con la fuerza que la crisis interna tuvo sobre el crecimiento económico de México.

En relación a la tasa de crecimiento del gasto público productivo (obras públicas y acciones sociales), éste ha presentado en general oscilaciones entre los años que han sido muy variadas, teniendo como resultado que hayan existido algunos años en los que los incrementos y decrementos en la figura son muy pronunciados, exhibiéndose un valor inicial de 10.30% y final de -23.38%, decreciendo en promedio 33.68% para el periodo 1994-2011. Como se muestra al inicio del periodo la tasa de crecimiento era de 10.30%, para el año 1995 el valor cayó en un 39.14% y recobrándose en gran medida para 1997 en 32.61%; de esta forma continuaron las altas y bajas en las tasas hasta 2001 donde la contracción del crecimiento en el gasto público productivo fue de 12.25% respecto al año 2000.

Para el siguiente periodo de cuatro años, es decir de 2001 a 2005, al igual las altas y bajas en las tasas de crecimiento continuaron presentándose; sin embargo, al finalizar este periodo el incremento que se dio fue de 18.71%. Para finalizar, se encontró evidencia de que el gasto público productivo se contrajo con el paso de los años hasta caer estrepitosamente en 45.50%. La tasa media anual de crecimiento del gasto público productivo fue de 3.46%.

Al igual que lo que sucede con la tasa de crecimiento del PIB per cápita para los años en los que se presentan las crisis económicas, la tasa de crecimiento del gasto público productivo se comporta de la misma manera, exhibiendo mayor influencia ante la crisis proveniente del error de diciembre y en menor medida a las de 2001 y 2007. Cabe destacar que para ambas tasas la contracción es menor conforme se dieron estas crisis.

Con lo anterior y por como se muestra en la figura 3.1 la tendencia para ambas variables parece ser homogénea en general, esto respecto a una relación positiva que claramente se puede observar, a excepción de ciertos años en los que los incrementos y decrementos en el gasto público productivo no van a la par de los del PIB per cápita; por lo que a partir de lo expuesto en esta figura se puede concluir que las relaciones guardadas entre estas variables son directas en su mayoría, teniendo en cuenta que las proporciones en las que el gasto público productivo aumenta o se contrae varían claramente a las del PIB per cápita.

Para concluir hace falta destacar que parece haber discordancia hasta el momento en las políticas de subvenciones adoptadas por el partido que ha gobernado dentro del periodo que se está analizando, pues como se muestra en el primer mandato presidencial del periodo existió un crecimiento de los niveles de gasto público productivo y en la misma dirección se encuentra el partido político rival que tomó el poder durante 2000-2006 pero con la diferencia que las cantidades del gasto fueron mayores a las del predecesor, y aunque el mismo partido se haya mantenido para el siguiente sexenio, como ya se mencionó anteriormente la política de gasto fue más restrictiva y por ende contraria a lo que se había vivido con el mandato anterior.

A partir de lo planteado se encuentra evidencia de la relación directa que podría existir entre crecimiento económico y gasto público productivo ya que la dirección y proporción relativa de la variable independiente que es el gasto público productivo afectan de igual manera al PIB per cápita. Pues al incrementar los niveles del gasto público productivo en el primer sexenio al final de éste el crecimiento económico fue mayor que al inicio, lo mismo sucede con el sexenio que siguió pero ya que los niveles de gasto fueron mayores también los niveles de crecimiento se presentaron de esta manera, mientras que último sexenio tiene una contracción del crecimiento económico relacionada directamente con la disminución del gasto público productivo.

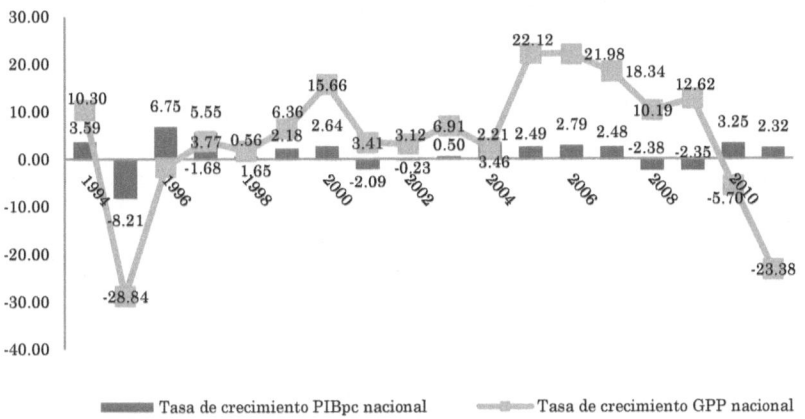

Figura 3.1 México: Crecimiento del PIB per cápita y el gasto público productivo, 1994-2011(1993=100)

Fuente: Elaboración propia con datos de INEGI.

La tendencia para los impuestos entre 1994-2011 presenta caídas e incrementos, tales que para ciertos años son muy pronunciados siendo que para 1994, la tasa de crecimiento fue de 5.69% y para 2011 de 16.31% incrementándose así en 10.62%, representando un desempeño positivo para esta variable en el periodo de análisis; un aumento significativo se dio en 1997 que fue de 21.86% respecto al inicio del periodo y cayendo al siguiente año en 28.07%, dejando de lado las altas recaudaciones del año anterior. Para el año 2000 la tasa de crecimiento aumentó nuevamente en 21.15% en relación a 1998 y posteriormente cayó sobre manera mostrando una contracción de 108.19% para 2006, teniendo en el transcurso del periodo 2006-2011 contracciones y crecimiento en sus tasas, llegando hasta un incremento de 110.8% respecto a 2006. La tasa media anual de crecimiento fue de 4.80%.

Cabe desatacar que la recaudación por el gobierno de Zedillo se incrementó a partir de la crisis de 1995, contrario a lo que las políticas de Fox y Calderón buscaron a partir de las crisis siguientes pues pareciera que esto los incentivara a reducir los impuestos quizá con el fin mantener y atraer inversión extranjera directa. Independientemente de lo anterior la política que mantuvo una línea más homogénea en cuanto la recaudación de impuestos fue la del ex presidente Fox, ya que las cantidades en los niveles de impuestos fueron a la baja desde el principio hasta el final de su mandato.

Figura 3.2 México: Crecimiento de los impuestos, 1994-2011
(19930=100)

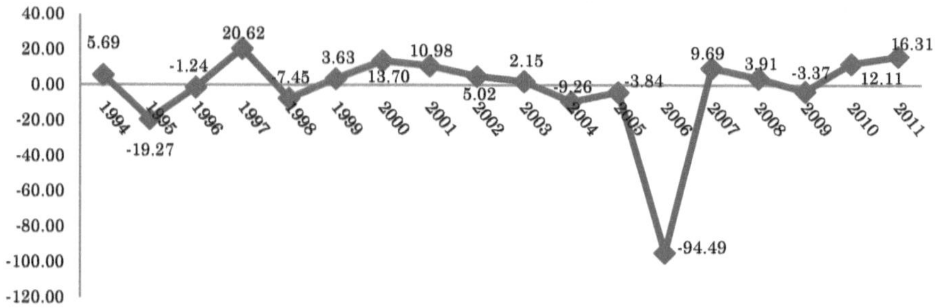

Fuente: Elaboración propia con datos de INEGI.

La escolaridad promedio en México ha tenido una tendencia a la alza pues para cada año del periodo 1993-2011 se ha presentado un incremento en los años de instrucción educativa; representados en la figura 3.3 se encuentran los porcentajes respecto a la escolaridad promedio de los habitantes en México, pudiéndose observar una tendencia creciente a lo largo del periodo, distinguiéndose así un promedio anual de escolaridad de 7.67 años. Una explicación lógica para que el incremento en los años promedio de escolaridad se haya dado es la búsqueda constante de las autoridades educativas por incrementar las cantidades de personas alfabetizadas, llegando hasta el punto de implementar políticas educativas en las que no se demanda calidad en el aprendizaje de los estudiantes, sino que se busca tener un valor más alto en cifras que refleje un compromiso por brindar educación a la mayor cantidad de ciudadanos posibles, lo que no quiere decir que sea algo bueno debido a las deficiencias y carencias que el individuo desarrollará y que en el futuro repercutirán en lo profesional, inclusive afectando de manera proporcional la productividad de la estructura económica del país.

Figura 3.3 México: Escolaridad promedio, 1993-2011

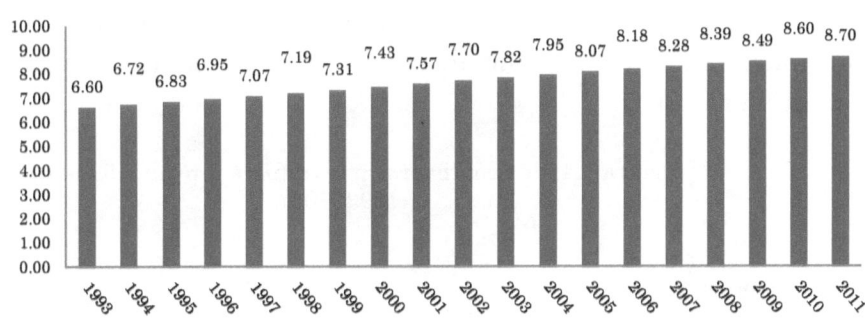

Fuente: Elaboración propia basados en datos de "Aregional información para decidir" con base en información de la Secretaría de Educación Pública (SEP).

Para el periodo 1994-2011 se tomó la variable de inversión extranjera directa (IED) para su análisis, distinguiéndose claramente una tendencia cíclica que muestra altos niveles de contracción y crecimiento en la economía mexicana. Comenzando de esta forma con una tasa de crecimiento positiva de 120.96% en 1994 y negativa en 2011 con un valor de -4.89% teniendo una baja de 125.85% para el periodo de análisis. Tomando en cuenta el inicio del periodo en 1994 la IED fue cayendo hasta llegar a un 138.5% en 1996, e incrementándose nuevamente en 51.2% en 1997. Posteriormente continúa con la disminución hasta llegar a contraerse en un 64.9% en 1998 y mostrar un incremento de 83.33% en 2001, cayendo nuevamente con un 73.19% en 2002 y continuando este ciclo hasta llegar a un aumento de 70.99% en 2007 seguido de una gran caída en los próximos dos años llegando a un valor de 80.65%, recuperándose en un 52.04% en 2010 y cerrando con otra caída más en 2011 de 26.17%. La tasa media anual de crecimiento fue de 6.88%.

El comportamiento cíclico y sin control de esta variable puede deberse a que para que se dé una IED deben interactuar un gran número de variables de las cuales el Estado tiene el control de una muy baja proporción, por lo que quizá las políticas que se ponen en marcha no son lo suficientemente fuertes como para atraer o mantener la IED.

Figura 3.4 México: Inversión extranjera directa, 1994-2011
(1993=100)

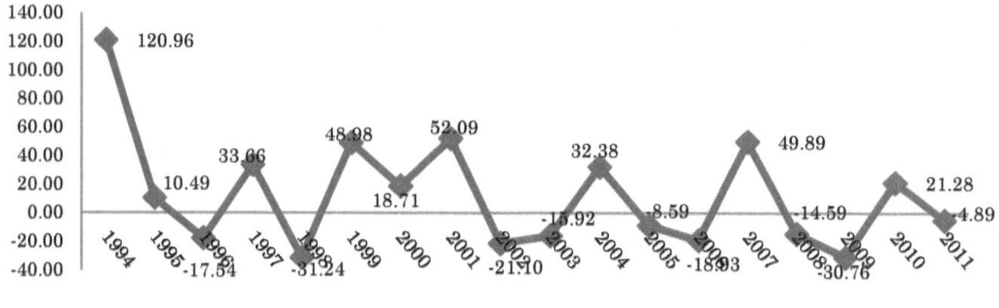

Fuente: Elaboración propia con datos de CEFP.

Los ciclos para las variables que se observan son muy diversos debido a que fluctúan en diferentes proporciones y no siempre corresponden a los mismos años, las relaciones que se podrían llegar a derivar son numerosas y algunas llaman la atención tal como que el gasto público productivo presenta una caída muy marcada desde el 2009 mientras que la variable dependiente ese mismo año muestra decremento en sus valores pero se incrementan en años subsecuentes. El crecimiento del PIB per cápita entre 1994-2011 fue positivo y en cuanto al gasto público productivo se puede hablar de una baja considerable de sus cantidades respecto a las tasas de crecimiento de la variable, por su lado los impuestos presentaron coeficientes positivos en relación a sus incrementos en este periodo al igual que los años de escolaridad promedio y para finalizar la caída en la IED es considerable para este periodo.

A partir de la elaboración de esta sección pueden exponerse las tendencias que las diferentes variables han tenido a lo largo del periodo 1994-2011, pues si bien para el PIB per cápita, el gasto público productivo, los impuestos y la inversión extranjera directa, se pueden observar ciclos algunos más pronunciados que otros, no todos los años siguen las mismas trayectorias pudiéndose provocar con esto relaciones negativas.

En el caso del gasto público productivo y por medio del análisis de su tendencia en comparación a la del PIB per cápita se puede llegar a aceptar la hipótesis propuesta en la que la relación gasto público productivo-crecimiento económico es directa, teniendo como base que la cantidad de años en los que existen aumentos y disminuciones en la misma dirección es mayor a los años en los que no existen.

Aunque la tendencia que siguen los impuestos se presenta como cíclica, la relación que pudiera llegar a tener con el crecimiento del PIB per cápita no es claramente directa, esto se puede corroborar al observar que el año en el que la variable independiente creció más es 1997 mientras que para la variable dependiente el año de mayor crecimiento fue 1996, por otro lado el año con una gran desaceleración para los impuestos fue el 2006 y para el PIB per cápita fue 1995, con lo cual podría concluirse que la relación entre impuestos y PIB per cápita podría ser indirecta debido a que el número de años en los que se dieron incrementos o decrementos para ambas variables es menor que los años en lo que estos movimientos fueron en direcciones contrarias. La posible relación indirecta entre los impuestos y el crecimiento económico se puede explicar a que los niveles de recaudación de los impuestos quizá no son los óptimos teniendo como resultado un efecto de desplazamiento de la inversión privada y por ende disminuyendo con esto la producción dentro de la economía mexicana.

El movimiento cíclico del crecimiento económico no es comparable al de la educación promedio debido a que esta última presenta una tendencia a la alza, teniendo con esto que en algunas ocasiones el incremento en la escolarización sea positivo para el crecimiento de la economía, aunque en algunos periodos la calidad en la educación pudiera repercutir de manera negativa al crear mano de obra con mayor valor agregado la cual no da resultados al momento de insertarse en el mundo laboral.

Los movimientos para la inversión extranjera directa se muestran como cíclicos aunque los años con mayores decrementos e incrementos difieren de los de PIB per cápita, pues los primeros se dan para 1998 y los segundos para el 2001; la relación entre variable independiente y dependiente podría ser directa ya que en este caso el número de años en los que los aumentos y disminuciones es mayor a los que van en sentido contrario.

Respecto al impacto que el gasto público productivo tiene sobre el crecimiento económico se puede decir por medio del análisis de las tendencias de las gráficas presentadas en este capítulo que las relaciones entre la variable de interés y la dependiente son directas, corroborando la hipótesis propuesta. Mientras que las variables de control presentan relaciones discordantes para la escolaridad promedio, negativa para los impuestos y positiva para la inversión extranjera directa.

Los impactos de las crisis de 1995, 2001 y 2007 pueden verse representadas en las bajas que sufrieron el crecimiento económico, el gasto público productivo, los impuestos y la inversión extranjera directa. No existe relación entre las políticas públicas y el partido político y hay una relación directa entre crecimiento económico-gasto público productivo entre sexenios.

Para corroborar los hallazgos encontrados en esta sección se realizarán algunos modelos econométricos, con lo que se estará tratando la información por medio de herramientas econométricas que permitirán obtener resultados más detallados sobre la importancia, relación y magnitud de las variables independientes sobre la dependiente.

4. Modelo econométrico de la relación gasto público productivo y crecimiento económico

Esta sección tiene como objetivo evidenciar las magnitudes y relaciones que las variables independientes tienen sobre el crecimiento económico de México, en especial el gasto público productivo. Para la realización del análisis econométrico se tomó en cuenta como variable dependiente el crecimiento económico, obteniendo información para éste con base en el PIB per cápita, la variable de interés para el modelo es el gasto público productivo, estos datos se obtuvieron del Instituto Nacional de Estadística y Geografía (INEGI), también se hace uso de algunas variables de control para dar explicación en mayor medida al modelo econométrico, teniendo en cuenta los impuestos (INEGI), la inversión extranjera directa (INEGI), además de incluir el nivel educativo de la población en la República Mexicana, con información de la Secretaría de Educación Pública (SEP), para dar veracidad a la inclusión de esta variable se tomaron en cuenta los promedios educativos dentro de cada entidad federativa, obteniendo el número de años de instrucción académica.

Tratando de controlar en mayor medida el análisis se creó una variable *dummy* categórica la cual adopta un valor de 1 para el año de 1995, 2 para el 2001 y 3 para el 2007, la base será el año 1995 por lo que ésta no se incluye en los modelos de panel.

4.1 Definición, fuente y tratamiento de las bases de datos

Cuadro 4.1 Descripción de variables y resumen de estadísticas del modelo

ID	Definición	Fuente	Tratamiento
Población	Número de habitantes para México.	Consejo Nacional de Población (CONAPO).	
lncrec	Crecimiento económico. Producto Interno Bruto per cápita por Entidad Federativa en pesos (precios de 1993).	Sistema de Cuentas Nacionales de México, Instituto Nacional de Estadística y Geografía (INEGI).	Cociente de la división del PIB entre la población total por estado. Diferencia entre el periodo presente y el anterior. Datos en miles de pesos a precios corrientes, transformados a pesos y valores constantes de 1993, serie 1993-2011.
lnPIBpc	Producto Interno Bruto per cápita por Entidad Federativa en pesos (precios de 1993).	Sistema de Cuentas Nacionales de México, Instituto Nacional de Estadística y Geografía (INEGI).	Cociente de la división del PIB entre la población total por estado. Datos en miles de pesos a precios corrientes, transformados a pesos y valores constantes de 1993, serie 1993-2011.
lngpp	Gasto Público Productivo en pesos (precios de 1993).	Sistema Municipal de Bases de Datos (SIMBAD), Instituto Nacional de Estadística y Geografía (INEGI).	Datos en pesos a precios corrientes, transformados a valores constantes de 1993, serie 1993-2011.
lnimp	Impuestos en pesos (precios de 1993).	Sistema Municipal de Bases de Datos (SIMBAD), Instituto Nacional de Estadística y Geografía (INEGI).	Datos en pesos a precios corrientes, transformados a valores constantes de 1993, serie 1993-2011.
esc	Promedio de escolaridad estatal.	"ar información para decidir" con base en información de la Secretaría de Educación Pública (SEP).	Promedio de años de instrucción académica por entidad federativa, serie 1993-2011.
lnied	Inversión Extranjera Directa en pesos (precios de 1993).	Elaborado por el Centro de Estudios de las Finanzas Públicas (CEFP) con datos de la Secretaría de Economía.	Datos en dólares, transformados a pesos corrientes y posteriormente a valores constantes de 1993, serie 1993-2012.

Fuente: Elaboración propia.

4.2 Métodos utilizados en las estimaciones

Las estimaciones realizadas por medio de los modelos de panel de datos consisten en mínimos cuadrados ordinarios (MCO), primeras diferencias, efectos fijos y efectos aleatorios para el total del territorio mexicano. Es así que se realizaron dos modelos con cuatro regresiones introduciendo el PIB per cápita como variable dependiente.

En el cuadro 4.2 se realiza una regresión que abarca el periodo 1993-2011, como variable dependiente se toma el valor del logaritmo del PIB per cápita y como variables independientes se introduce el logaritmo del gasto público productivo, los impuestos, la inversión extranjera directa y la escolaridad promedio sin logaritmo:

$$\ln PIB_{it} = \beta_0 + \beta_1 \ln gpp_{it} + \beta_2 \ln imp_{it} + \beta_3 esc_{it} + \beta_4 \ln ied_{it} + \beta_5 y2001_{it} + \beta_6 y2007_{it} + \mu_{it}$$

Para la realización de las estimaciones econométricas se contó con una muestra para las 32 entidades federativas de México; la variable de interés es el gasto público productivo pues por medio de ésta se pretende dar sustento a la hipótesis sobre la cual se basa la tesis la cual expone que la relación entre el crecimiento económico del PIB per cápita y el gasto público productivo es directa, señalando que a mayores cantidades de gasto público productivo mayor será el incremento en el crecimiento económico; las variables de control corresponden a los impuestos, la escolaridad promedio y la inversión extranjera directa que servirán para dar soporte al comportamiento del crecimiento de la variable independiente.

4.3 Resultados

En relación a los modelos de panel de datos y la utilización efectos fijos o aleatorios se realizó la prueba Hausman para dar sustento a la utilización de cualquiera de las dos regresiones. Posteriormente se implementa una prueba de autocorrelación obteniendo evidencia para poder utilizar los efectos fijos o aleatorios según los resultados en los contrastes de Hausman o en su caso las primeras diferencias.

Cuadro 4.2 Resultados de modelo de panel con el logaritmo del PIB como variable dependiente.

Parámetro/Estimador	MCO	Primeras Diferencias	Efectos Fijos*	Efectos Aleatorios
lngpp	-0.0529***	0.0078***	0.0041	0.0022
	(0.0110)	(0.0032)	(0.0039)	(0.0041)
lnimp	-0.0041	0.0019	0.0041**	0.0036*
	(0.0076)	(0.0014)	(0.0021)	(0.0022)
esc	0.2488***	0.0756	0.1175***	0.1212***
	(0.0137)	(0.0691)	(0.0056)	(0.0058)
lnied	0.0611***	-0.0006	-0.0041*	-0.0028
	(0.0070)	(0.0013)	(0.0024)	(0.0025)
y2001	-0.0051	-0.0005	0.0247**	0.0245**
	(0.0496)	(0.0053)	(0.0115)	(0.0121)
y2007	-0.0777	-0.0091*	0.0451***	0.0429***
	(0.0493)	(0.0053)	(0.0117)	(0.0123)
constante	7.4771***	0.0045	8.4771***	8.4645***
	(0.1845)	(0.0082)	(0.0701)	(0.0826)
R^2	0.6590	0.0238	0.7065	0.7089
N	580	526	580	580

*,**,***. Significancia estadística al 10%, 5% y 1% respectivamente.
Fuente: Elaboración propia con datos de la CONAPO, INEGI, la SEP y el CEFP.

La prueba Hausman arrojó un valor probabilístico de chi2 de 0.0000, por lo que la hipótesis nula se rechaza y se llega a la conclusión de que sólo se puede hacer uso del modelo de efectos fijos, aunque existe evidencia de autocorrelación serial en el modelo por lo que se debe hacer uso de las primeras diferencias para realizar el análisis.

Respecto a los resultados en el cuadro 4.2 y tomando en cuenta los valores de la regresión de primeras diferencias como los más eficientes se confirma el gasto público productivo como variable significativa al 1%, ayudando a dar argumentos válidos para aseverar que la hipótesis propuesta es correcta. El gasto público productivo afecta directamente al crecimiento económico. La magnitud sobre la cual afecta la variable independiente a la dependiente se traduce en que un incremento de 1% en el gasto público productivo provocará un crecimiento del PIB per cápita del 0.0078%. De esta manera las políticas de gasto público pueden ser incentivadas por la relación directa que se muestra a la luz de estos resultados, argumentando que los niveles de gasto público productivo han sido lo suficientemente óptimos para incentivar el crecimiento económico de México entre 1993-2011.

La variable *dummy* para el año 2007 muestra un signo negativo y un nivel de significancia del 10%. Cabe destacar que el signo del gasto público productivo es positivo también para las regresiones de efectos fijos y aleatorios, corroborando con esto la hipótesis planteada en la que existe una relación directa del gasto público productivo y el crecimiento

Las relaciones que se encontraron de la variable dependiente con la independiente, crecimiento económico y gasto público productivo respectivamente son directas para la mayoría de las estimaciones econométricas; se obtuvo que el gasto público productivo es una variable significativa para el crecimiento económico. Lo que podría llevar a replantearnos si la participación del gobierno sería prudente para tratar de incrementar el crecimiento económico o sostenerlo, según sea el caso, ya que tomando en cuenta los resultados arrojados lo óptimo para la economía mexicana sería incrementar el gasto público productivo, incluso aunque el medio de recaudación sean los impuestos, pues estos mantienen de la misma manera una relación positiva con la variable dependiente.

Conclusiones

Por medio de la revisión de literatura empírica se esperaba que la influencia del gasto público productivo fuera significativa, ya sea de una manera negativa o positiva, dependiendo de las cantidades implementadas en las tasas óptimas de impuestos. De hecho se han encontrado resultados en los que el gasto público productivo mantiene una relación negativa y positiva con el crecimiento económico; en el caso de la literatura empírica nacional los datos de los investigadores arrojaron resultados en el que las relaciones para México respecto al crecimiento económico y el gasto público son variados, es así que la evidencia encontrada por el análisis econométrico cobra sentido al descubrir resultados significativos en el cuadro 4.2 en los que la variable dependiente mantiene una relación directa con el PIB per cápita.

Los resultados derivados de la estadística muestran que para el periodo 1993-2011 el crecimiento económico en México ha sido sumamente volátil. El crecimiento promedio ha sido positivo y bajo para este periodo, encontrando respuesta en las interacciones que las variables han tenido a lo largo del tiempo, destacando que para el análisis estadístico se tomó en cuenta que las variables independientes pueden llegar a tener un efecto posterior sobre el crecimiento al momento en el que se aplicaron, mostrándose que la variable de gasto público productivo guarda una relación directa con la variable a explicar debido a que se presenta una tendencia similar entre ambas aunque en diferente proporción.

Las fluctuaciones para cada una de las variables independientes han cambiado de una manera cíclica, lo que puede ayudar a explicar que el crecimiento también actúe de esta manera. Las tasas de crecimiento promedio y de crecimiento medio para las variables que se analizaron fueron positivas en todos los casos, independientemente si las relaciones fueron positivas o negativas con la variable dependiente.

En relación a los resultados de las gráficas de la sección 3 se encuentran relaciones positivas tanto con la utilización de datos corrientes en los que se encuentran incrementos de 1993 a 2011 para el gasto público productivo y el crecimiento económico, y también para las tasas medias anuales de crecimiento que asocian a las variables independientes con la dependiente. Observando tal y como se hace en el apartado econométrico que las relaciones entre el gasto público productivo-crecimiento económico son positivas, mientras que la inversión extranjera directa tiene una relación negativa con el crecimiento económico.

Las relaciones que se mantienen entre variable dependiente e independientes en las entidades mexicanas fueron de incrementos en sus tasas medias de crecimiento, sólo cabría destacar si el que las alzas se hayan presentado influye de manera positiva sobre el PIB per cápita tal y como se hizo por medio de las estimaciones econométricas.

En el análisis econométrico econométricos se encontraron datos interesantes que pueden dar pie a la explicación del crecimiento económico de México, se encontró que la variable de interés es significativa con una relación positiva en general.

El impacto que el gasto público productivo tuvo sobre el crecimiento económico de las entidades en México durante 1993-2011 fue positivo, esto se corrobora por medio de todos los modelos econométricos presentados en la sección 4.

El crecimiento económico es afectado por el gasto público productivo en cierta proporción siendo su relación significativa, cabe destacar que esta proporción es pequeña pues se habla de cifras porcentuales que no llegan a la unidad por nivel de gasto público productivo incrementado. Cabe destacar que el gasto público productivo en México influye de forma positiva en el crecimiento económico, como se pudo corroborar por medio del análisis estadístico y econométrico, además de tomar en cuenta la investigación teórica de Sala-i-Martin y la revisión de literatura empírica nacional en la que se presentan resultados a favor de la hipótesis planteada.

A partir de la validación del gasto público productivo como variable significativa y con una relación directa sobre el crecimiento, las políticas públicas pueden estar encaminadas a incrementar el gasto en este rubro debido a que está siendo efectivo, además de estructurarlo de una forma más eficiente respecto a los proyectos asociados con este tipo de gasto. Por lo que el incremento en la infraestructura escolar podría ser un buen factor para llegar a una población más amplia e incluso incrementar los años de instrucción escolar de los ciudadanos mexicanos, no dejando de lado la calidad en la educación ya que el aumentar los años educativos no garantiza que el crecimiento económico se vea afectado positivamente debido a las deficiencias futuras que los empleados llegarán a presentar si no existe educación de calidad.

En cuanto a los impuestos y su relación positiva queda agregar que las políticas podrían ir encaminadas a aumentar la recaudación y presentar acciones en las que la implementación de los impuestos sea más efectiva por medio de estudios que comprueben que no se verá afectado el crecimiento debido al desplazamiento hacia afuera de la inversión dentro del territorio, trayendo como consecuencia una caída en el número de empleos formales creados, pudiéndose prevenir esta caída con la implementación de tasas óptimas de recaudación tributaria.

En la elaboración de este capítulo se hace énfasis en que el estudio se basa en ciclos económicos debido a que las bases de datos con las que se cuentan no son lo suficientemente amplias como para elaborar una investigación más completa que capture el crecimiento económico de México, por lo que es necesario tratar de ampliar la temporalidad de acuerdo a las variables y entidades con las cuales se ha trabajado, además de incluir otras que pudieran en su caso capturar el efecto de los ciclos económicos que a lo largo del tiempo se presentan para la economía mexicana. Las variables que pudieran entrar dentro de la agenda pudieran ser el desempleo, la formación bruta de capital fijo, así como otras variables del gasto público para corroborar que el nivel del recurso empleado para el gasto público productivo es el óptimo y que lo más eficiente podría no ser emplearlo en otras áreas de estos gastos.

Por otra parte el gasto público productivo pudiera desagregarse aún más con el fin de sugerir políticas públicas más específicas en la elaboración de un presupuesto acorde a las necesidades de la economía del país; además es necesario tomar en cuenta otras fuentes de financiamiento del gasto público como lo es la deuda pública, pues ésta juega un rol importante en la recaudación de recursos del gobierno para su posterior asignación a proyectos que hagan más eficiente el crecimiento de la nación.

Bibliografía

Aschauer, D. (1989). "Is public expenditure productive?", *Journal of Monetary Economics* Vol. 23, Núm. 2, pp. 177-200.

Blanchard, O. (2007). *Macroeconomía*. Cuarta edición. España, Pearson Educación.

Banco Mundial (2006). "México: Revisión del gasto público para infraestructura", Washington, D.C.

Barajas, H. y L. Gutiérrez (2012). "La importancia de la infraestructura física en el crecimiento económico de los municipios de la frontera norte", *Estudios Fronterizos*. Vol. 13, núm. 25, pp. 57-87.

Barro, R. (1990). "Government spending in a simple model of endogeneous growth", *The Journal of Political Economy*. Vol. 98, núm. 5, pp. 103-125.

Bayraktar, N. y B. Moreno (2012). "How can public spending help you grow? An empirical analysis for developing countries", *Bulleting of Economic Research*. pp. 1-35.

Calderón, C. y R. Roa (2006). "¿Existe un crowding-out del financiamiento privado en México?", *Análisis Económico*. Vol. 21, núm. 48, pp. 139-150.

Christie, T. (2012). "The effect of government spending on economic growth: Testing the non-linear hypothesis", *Bulletin of Economic Research*. pp.1-22.

Díaz, D. y J. Revuelta (2009). "Gasto público y crecimiento en América Latina y España, 1960-2000", *XVI Encuentro de Economía Pública*, Granada, disponible en: http://www.ugr.es/~montero/XVIeep/62.pdf (Accesado el 5 de mayo de 2013).

Hernández, J. (2010). "Inversión pública y crecimiento económico: Hacia una nueva perspectiva de la función del gobierno", *Economía: Teoría y práctica. Nueva Época*. núm. 33, pp. 59-95.

Loizides, J. y G. Vamvoukas (2005). "Government expenditure and economic growth: Evidence from trivariate causality testing", *Journal of Applied economics*, Vol. 8, núm. 1, pp. 125-152.

Sánchez-Juárez I. y R. García (2014). "Producción, empleo e inversión pública en la frontera norte de México" *Revista*

Internacional Administración & Finanzas Vol. 7, Núm. 7, pp. 111-126.

Sala-i-Martin, X. (2000). *Apuntes de crecimiento económico.* Segunda edición. España, Antoni Bosch editor.

Yasin, M. (2003). "Public spending and economic growth: Empirical investigation of Sub-Saharan Africa", *Southwestern Economic Review*. Vol. 30. Pp. 59-68.

3
El subsector agrícola en Chihuahua, 1990-2012

Es notoria la escasa disponibilidad de información económica y social sistematizada y actualizada que se tiene del sector primario en el estado de Chihuahua, lo que entre otras cosas indica que existe un vacío de información que limita sensiblemente la plena identificación de las características, causas y efectos de las condiciones que aquejan a los agentes económicos que desarrollan alguna actividad en las zonas rurales del estado, así como del potencial que se pudiera aprovechar para impulsar el desarrollo rural a nivel estatal.

Esta situación limita un adecuado diseño de política pública para el campo chihuahuense por parte de todas aquellas instancias gubernamentales con alguna intervención en el fomento del desarrollo rural. Es en este sentido, este trabajo tiene como objetivo analizar la situación actual del subsector agrícola del estado de Chihuahua.

Es conveniente señalar que se decidió únicamente trabajar con aspectos relacionados a la actividad agrícola ya que la amplitud y complejidad del tema del sector primario estatal obligaba a delimitar el estudio y la autora de este trabajo actualmente realiza una tesis de maestría que analiza el Programa de Apoyos Directos al Campo (PROCAMPO) en Chihuahua por lo que la información que aquí se refiere es parte de un capítulo del trabajo de investigación.

Además es importante destacar que en una revisión bibliográfica que se realizó no se localizaron trabajos que aborden específicamente el subsector agrícola chihuahuense, ya que aunque escasas, si existen investigaciones que analizan las actividades ganaderas como las desarrolladas por Carrera (2011) en donde plantea que el valor de la producción de las actividades pecuarias chihuahuenses representa 3.4 por ciento de valor de la producción pecuaria nacional. En leche bovina, con un aporte de 8.8 por ciento del total, y en carne bovina, con 5.4 por ciento del total, el estado ocupa el cuarto lugar en la producción nacional. Destaca la producción de guajolote, que con 16.6 por ciento del total, se encuentra en el segundo lugar nacional.[2]

La agricultura se desarrolla en más 1 millón de hectáreas y representa una importante fuente de empleos e ingresos y por su situación climática, el estado de Chihuahua tiene una posición privilegiada para la producción agrícola, ya que tiene en el desierto, una barrera natural para el control de plagas y enfermedades, además de contar con grandes extensiones de territorio, los cuales al ser utilizados como potreros, se permite un control natural de plagas y enfermedades, aspecto que eleva la productividad y contribuye a aumentos en la rentabilidad al permitir disminuir costos de producción asociados a estos problemas.

De acuerdo con datos de la Secretaría de Economía, para 2012 el sector primario en Chihuahua contribuyó al PIB estatal con el 5.5 por ciento. La contribución en ese año ascendió a 27,689 millones de pesos y se tenían registrados 123,130 empleos, apenas 1.8 por ciento del personal ocupado total estatal.[3] La composición del PIB agropecuario estatal se integra básicamente por las actividades agrícolas, ganaderas y en menor escala, la producción forestal, caza y pesca. En términos porcentuales las actividades agrícolas contribuyen con dos terceras partes, la otra tercera parte

---

[2] Carrera, Benjamín. 2011. Problemas de la ganadería. La Jornada del campo 41 http://www.jornada.unam.mx/2011/02/19/rancheras.html (20 de febrero de 2014)
[3] Secretaria de Agricultura, Ganadería, Desarrollo Rural, Pesca y Alimentación. 2014. Servicio de Información Agroalimentaria y Pesquera. http://www.siap.gob.mx/cierre-de-la-produccion-agricola-por-estado/. (10 al 15 de Febrero de 2014).

está conformada por las actividades ganaderas, y en menor medida por la silvicultura, caza y pesca.

El presente trabajo se divide en cuatro secciones, en la primera se describe la metodología propuesta para analizar la situación actual del subsector agrícola en el estado, posteriormente se hace una breve descripción de la agricultura en Chihuahua y su participación nacional, en lo subsecuente se elabora un análisis de los principales cultivos en el estado, finalmente se plantean las reflexiones finales.

1. Metodología

Para los fines que persigue este trabajo se hará un análisis descriptivo de corte longitudinal de datos estadísticos provenientes de fuentes secundarias de información como el Instituto Nacional de Estadística y Geografía (INEGI), la Secretaria de Agricultura, Ganadería, Desarrollo Rural, Pesca y Alimentación (SAGARPA)

Se abordarán únicamente variables como superficie sembrada, producción, rendimientos, precios y valor de la producción, ya que aunque hubiera sido deseable introducir al análisis datos más desagregados, la disponibilidad de la información en cuanto a series de tiempo lo impide, incluso debe destacarse que el año más reciente para el que se cuenta con información oficial es el 2012, por lo que la temporalidad de los datos se ubica de 1990 a 2012.

No obstante estas limitaciones en cuanto a la información, el análisis que se realiza contribuye a abonar en el entendimiento de esta importante actividad productiva, ya que se parte del hecho de que las tendencias en los fenómenos económicos, a menos que se dé una coyuntura radical, no cambian significativamente.

2. Breve descripción de la agricultura en Chihuahua y su participación nacional

El estado de Chihuahua, de acuerdo con datos de SAGARPA, con 23, 252,188 pesos aportó el 5.7 por ciento del total del valor de la producción agrícola en México, ocupando el séptimo lugar nacional en cuanto a su contribución a este rubro.[4]

Gráfica 1. Chihuahua. Valor de la producción estatal, 1990-2012 (Pesos nominales y reales).

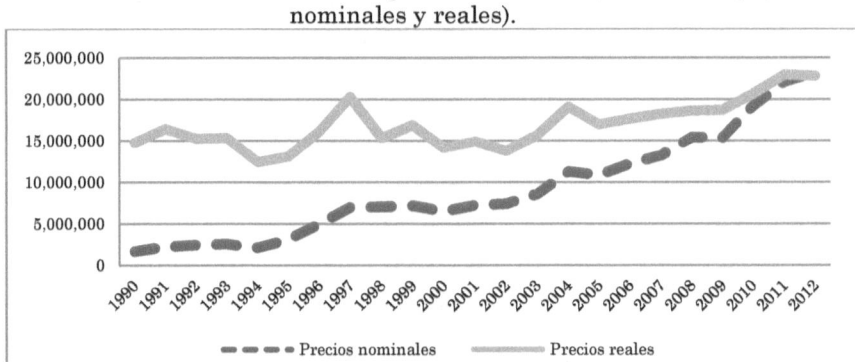

Fuente: Elaboración propia en base a información de SAGARPA. Base 2012.

Como se observa en la gráfica 1, el valor de la producción agrícola en el estado de 1990 a 2012 presenta una tendencia positiva con una tasa de crecimiento de 54.2 por ciento.

La superficie agrícola para el estado en 2012, de acuerdo con SAGARPA fue de 1,094,820 ha, de las cuales, 577,494 son superficie de temporal, es decir el 52.7 por ciento del total y 517,325 de riego, 47.3 por ciento del total que se sembró ese año. En 2007, último año con el que se cuenta con esta información, la superficie de riego está constituida por 316,920 ha riego por bombeo y 135,823 ha riego por gravedad.

---

[4] Secretaria de Agricultura, Ganadería, Desarrollo Rural, Pesca y Alimentación. 2014. Servicio de Información Agroalimentaria y Pesquera. http://www.siap.gob.mx/cierre-de-la-produccion-agricola-por-estado/. (10 al 15 de Febrero de 2014).

La superficie sembrada presenta una tendencia creciente ya que por ejemplo para 1990, en Chihuahua se sembraron 963,120 ha, en donde 634,026 fueron de temporal, un 65.8%, mientras que de riego eran 329, 094, es decir apenas el 34.2 por ciento del total. Estos datos evidencian un notable crecimiento de la superficie sembrada con riego (Ver Gráfica 2).

Gráfica 2. Chihuahua. Evolución de la superficie sembrada total, riego y temporal, 1990-2012

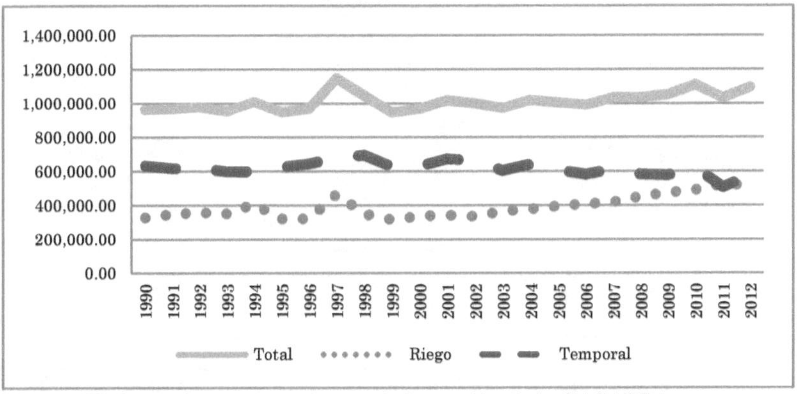

Fuente: Elaboración propia en base a información de la SAGARPA

De acuerdo con la SAGARPA[5] el estado de Chihuahua ocupa el primer lugar en la producción de forrajes como alfalfa, maíz amarillo y avena forrajera, productos industriales (algodón) y frutas templadas (manzana y nuez).

3. Un análisis de los principales cultivos en Chihuahua

Como se señaló línea arriba, es necesario realizar un análisis más detallado de la situación del subsector agrícola chihuahuense por lo que este apartado desglosa dicho análisis tomando uno por uno los principales cultivos, para lo cual se retoma información de la superficie sembrada, producción, valor de la producción y precio medio rural.

---

[5] En base al Servicio de Información Agroalimentaria y Pesquera (SIAP)

3.1 Maíz

De acuerdo con los datos de SAGARPA, en 2012 Chihuahua aportaba en cuanto al maíz amarillo, 53.5 por ciento de la producción nacional, por lo que es el primer lugar en producción de éste grano. Además la productividad es mayor a la del resto del país, pues para obtener esta producción solamente utiliza 32.7 por ciento de la superficie nacional destinada a maíz amarillo.

Gráfica 3. Chihuahua. Maíz grano. Superficie sembrada (ha), 1990-2012

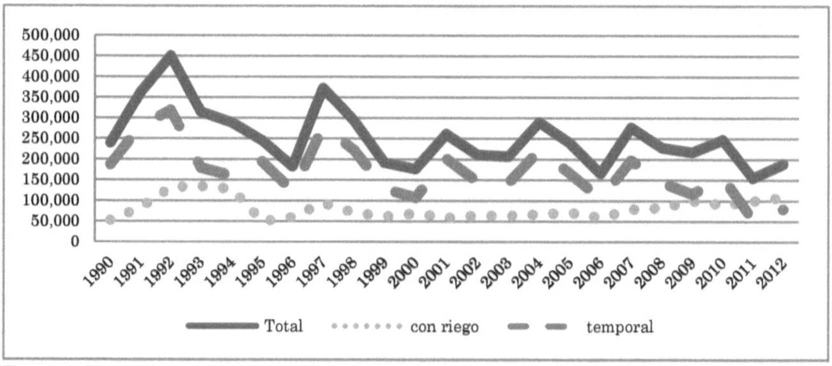

Fuente: Elaboración propia en base a información de la SAGARPA

De acuerdo con la información de la gráfica 3, la superficie total sembrada de maíz en Chihuahua ha venido descendiendo notablemente, de 1990 a 2012, la tasa de crecimiento anual fue de menos 21 por ciento, lo que se puede explicar a partir de que la superficie de este cultivo sembrada bajo temporal se redujo en el mismo periodo en un 56.8 por ciento, mientras que la superficie sembrada con riego aumentó a poco más del doble, un 106.3 por ciento.

Gráfica 4. Chihuahua. Maíz grano. Produccion (ton), 1990-2012

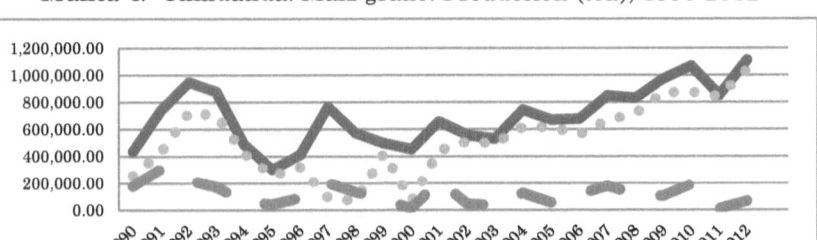

Fuente: Elaboración propia en base a información de la SAGARPA

Ahora bien aunque la superficie sembrada de maíz ha disminuido en los últimos 23 años, la producción presenta una tendencia positiva ya que de 1990 a 2012, ha crecido en 155.4 por ciento, lo que se puede explicar por aumentos significativos en el rendimiento, sobre todo en el caso del riego, ya que ese lapso, la producción de maíz bajo ese régimen hídrico se triplico, presentando una tasa de crecimiento de 308.7 por ciento lo que compensa la disminución del 62.6 por ciento en temporal.

Gráfica 5 Chihuahua. Maíz grano. Precio Medio Rural, 1990-2012 (Pesos nominales y reales).

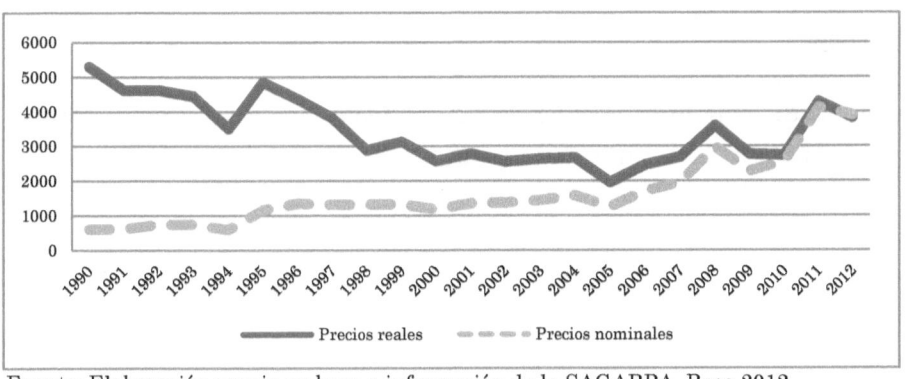

Fuente: Elaboración propia en base a información de la SAGARPA. Base 2012.

En cuanto al precio medio rural pagado a los productores de maíz, destaca que no obstante de que a partir de 2005 se presenta un aumento en el precio real del producto, los maiceros han visto disminuir su ingreso de 1990 al 2012 en 27.8 por ciento.

Gráfica 6 Chihuahua. Maíz grano. Valor de la producción, 1990-2012 (Pesos nominales y reales).

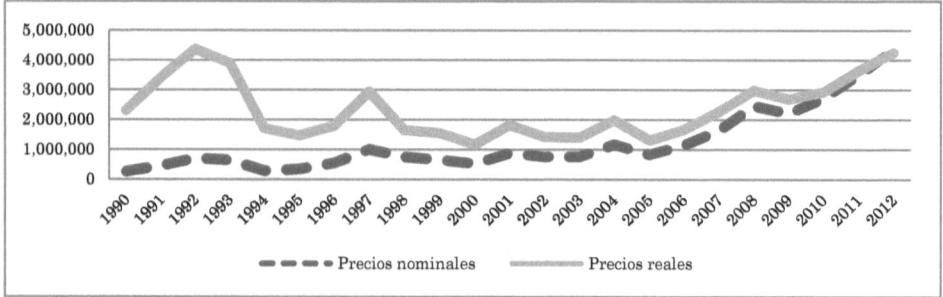

Fuente: Elaboración propia en base a información de SAGARPA. Base 2012.

De acuerdo con la gráfica 6, debido al significativo crecimiento de la producción y los recientes aumentos de los precios, el valor de la producción del maíz, a precios reales del 2012, ha aumentado en un 84.4 por ciento de 1990 a 2012, lo que explica que el maíz signifique el 18.7 por ciento del total del valor de la producción agrícola total del estado.

3.2 Trigo

De acuerdo con la SAGARPA, Chihuahua en 2012 fue el quinto principal productor nacional de este grano.

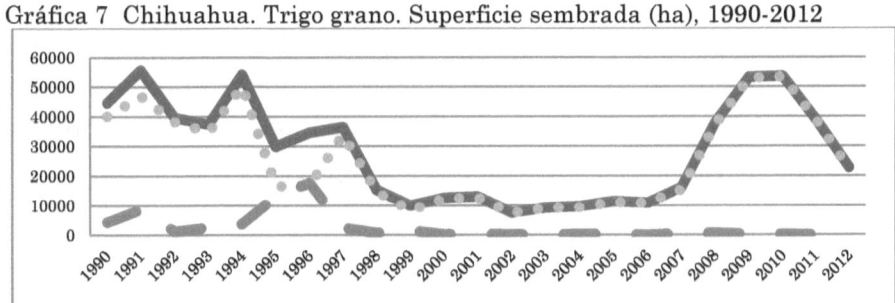

Gráfica 7 Chihuahua. Trigo grano. Superficie sembrada (ha), 1990-2012

Fuente: Elaboración propia en base a información de la SAGARPA.

En base a la información de la gráfica 7, la superficie total sembrada de trigo en Chihuahua ha venido descendiendo notablemente, de 1990 a 2007, pero hubo un ascenso a partir del 2008 hasta el 2010 donde volvió a descender llegando al año 2012, la tasa de crecimiento anual fue de menos 50 por ciento lo que se puede explicar a partir de que la superficie de este cultivo sembrada bajo temporal se redujo en el mismo periodo hasta un 87.5 por ciento, también la superficie sembrada con riego disminuyo un 44.7 por ciento anual.

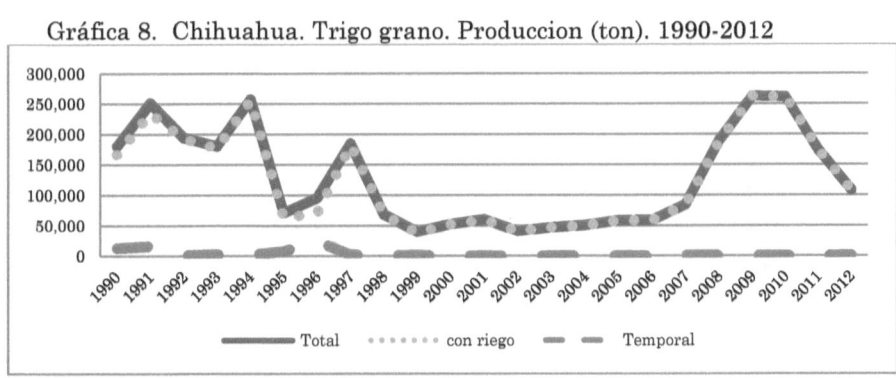

Gráfica 8. Chihuahua. Trigo grano. Produccion (ton). 1990-2012

Fuente: elaboración propia en base a información de SAGARPA

La gráfica 8 muestra que la producción total en toneladas de trigo en Chihuahua ha estado descendiendo notablemente, de 1990 a 2007, pero hubo un ascenso en el 2008 hasta el 2010 donde volvió a descender llegando al año 2012, se puede ver que la tasa de crecimiento anual fue de menos 40 por ciento, a partir de que la superficie de este cultivo es sembrada bajo temporal se redujo en el mismo periodo hasta un 94.8 por ciento, también la superficie sembrada con riego disminuyó un 35.5 por ciento anual.

Gráfica 9. Chihuahua. Trigo de grano. Precio Medio Rural. 1990-2012. Pesos nominales y reales.

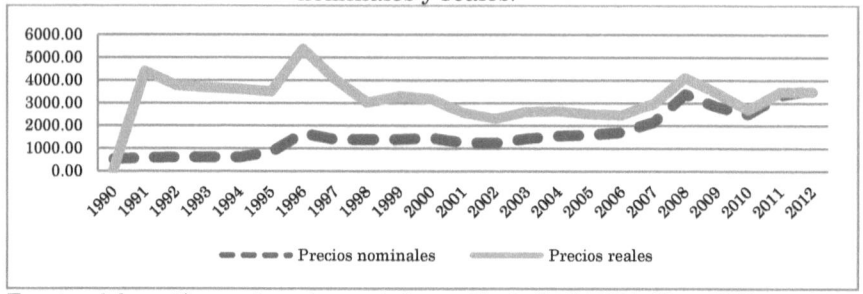

Fuente: elaboración propia en base a información de SAGARPA. Base 2012

En cuanto al precio medio rural pagado a los productores de trigo, la gráfica 9 muestra que a pesar de aumentos en algunos años, hay más años en donde baja dando como resultado una disminución en el precio real del producto, los productores de trigo han visto disminuir su ingreso de 1990 al 2012 en 21 por ciento.

Gráfica 10. Chihuahua. Trigo grano. Valor de la producción. 1990-2012 Pesos nominales y reales.

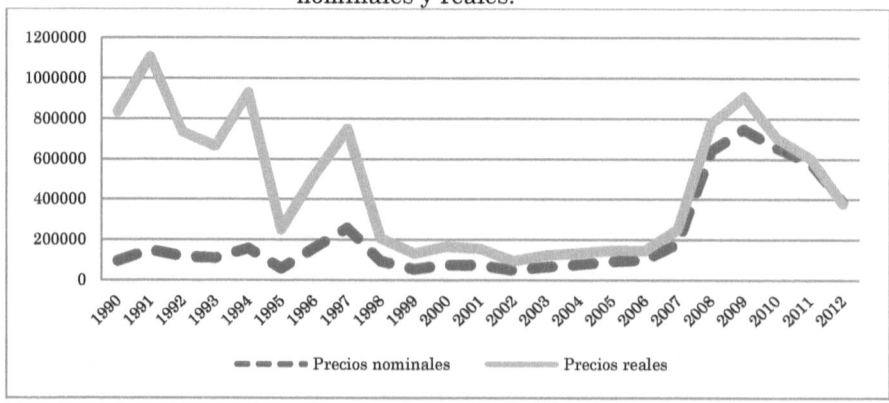

Fuente: elaboración propia en base a información de SAGARPA. Base 2012

La gráfica 10 muestra que debido a la variación de la producción y de los precios, el valor de la producción del trigo, a precios reales del 2012, ha disminuido en un 54.5 por ciento de 1990 a 2012.

3.3 Frijol

En 2012, Chihuahua se ubicó como el tercer lugar en la producción de frijol con 8.7% del total producido en México. La mayor parte de la superficie de cultivo se encuentra en la región de Cusihuiriachi, Riva Palacio y Cuauhtémoc.

Gráfica 11. Chihuahua. Frijol. Superficie sembrada (ha). 1990-2012.

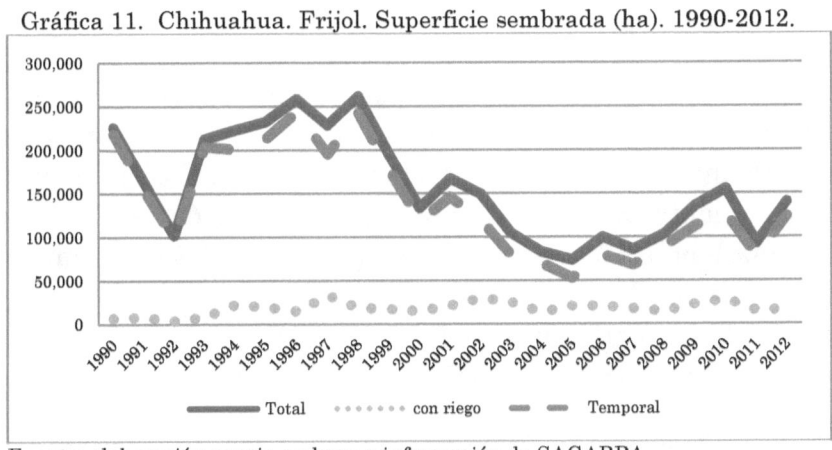

Fuente: elaboración propia en base a información de SAGARPA

De acuerdo con la información de la gráfica 11, la superficie total sembrada de frijol en Chihuahua ha venido descendiendo notablemente, de 1998 al 2012, la tasa de crecimiento fue de menos 38 por ciento, la superficie de este cultivo sembrada bajo temporal se redujo en el mismo periodo hasta un 43.5 por ciento, y la superficie sembrada con riego aumentó en 142 por ciento entre el valor de 1990 al del 2012, con un incremento promedio anual de 16 por ciento.

Gráfica 12. Chihuahua. Frijol. Produccion (ton). 1990-2012

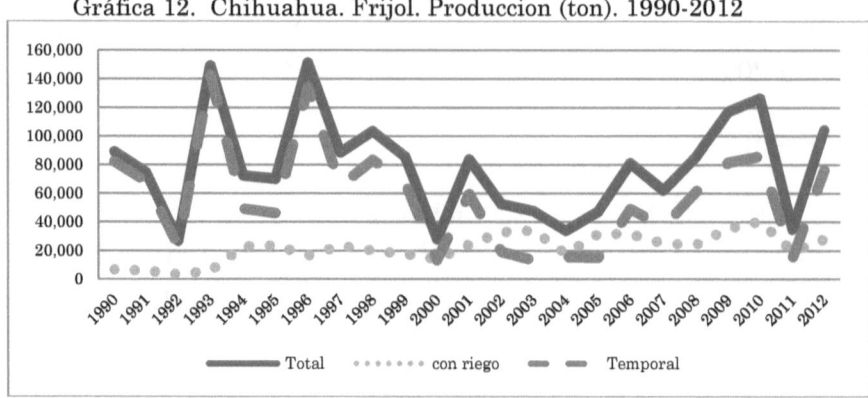

Fuente: elaboración propia en base a información de SAGARPA

La gráfica 12 muestra que la producción total en toneladas de frijol en Chihuahua, ha estado en constante variación de 1990 hasta al año 2012, la tasa de crecimiento tuvo un aumento del 17.2 por ciento, a partir de que la superficie de este cultivo es sembrada bajo temporal ha disminuido en un 7.3 por ciento en el mismo periodo, la superficie sembrada con riego ha aumentado hasta un 312.8 por ciento entre el valor de 1990 al del 2012, con un incremento promedio anual de 20 por ciento.

Gráfica 13. Chihuahua. Frijol. Precio Medio Rural. 1990-2012. Pesos nominales y reales.

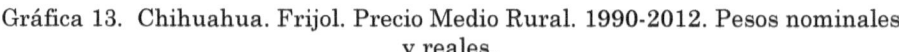
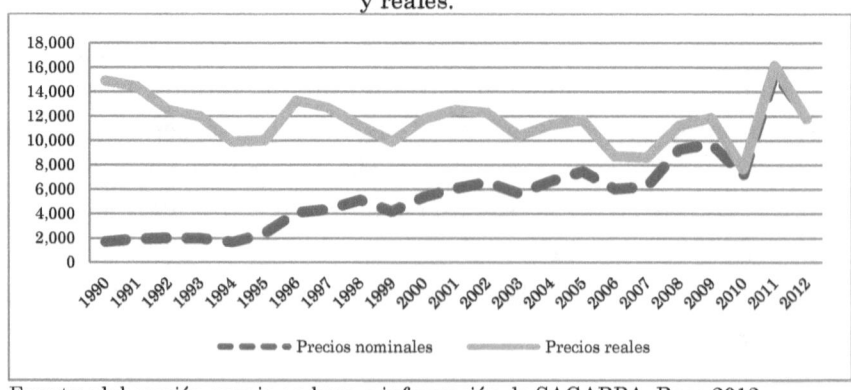

Fuente: elaboración propia en base a información de SAGARPA. Base 2012

El precio medio rural pagado a los productores de frijol muestra en la gráfica 13, que hay un descenso en su precio real de menos 20.9 por ciento, viendo así disminuir su ingreso de 1990 al 2012, para los productores de frijol.

Gráfica 14. Chihuahua. Frijol. Valor de la producción. 1990- 2012. Pesos nominales y reales.

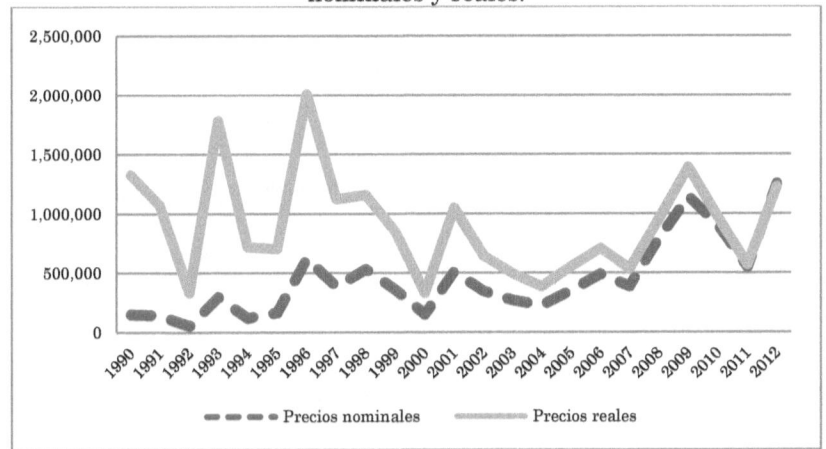

Fuente: elaboración propia en base a información de SAGARPA. Base 2012

La gráfica 14 muestra que debido a la variación de la producción y de los precios, el valor de la producción del frijol, a precios reales del 2012, ha disminuido en un 7.3 por ciento de 1990 a 2012.

3.4 Avena

Chihuahua es el primer productor de avena a nivel nacional, aportando el 62.9 por ciento de la produccion total de México.

Gráfica 15. Chihuahua. Avena grano. Superficie sembrada (ha). 1990-2012

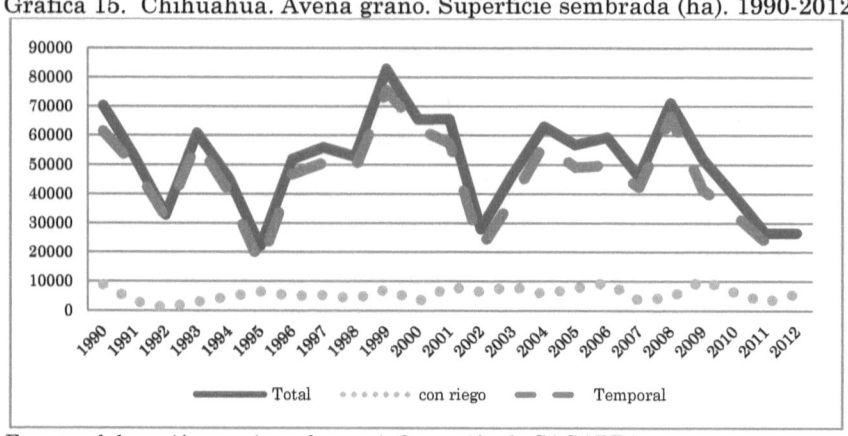

Fuente: elaboración propia en base a información de SAGARPA.

De acuerdo con la información de la gráfica 15, la superficie total sembrada de avena en Chihuahua ha estado en constante variación, de 1990 al 2012, la tasa de crecimiento fue de menos 62.1 por ciento, la superficie de este cultivo sembrada bajo temporal se redujo en el mismo periodo hasta un 66.1 por ciento, y la superficie sembrada con riego también disminuyo en 34.2 por ciento entre el valor de 1990 al del 2012.

Gráfica 16. Chihuahua. Avena de grano. Produccion (ton). 1990-2012

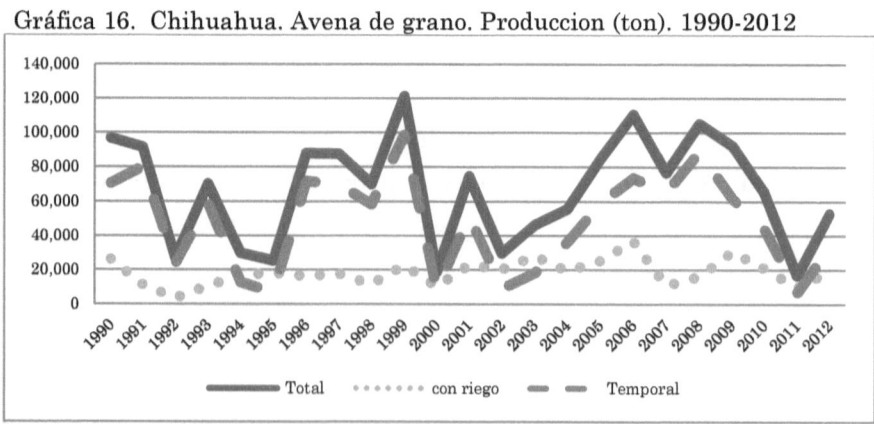

Fuente: elaboración propia en base a información de SAGARPA.

En la gráfica 16 se muestra que la producción total en toneladas de avena en Chihuahua, aun y cuando hay altas de la producción de 1990 hasta al año 2012, su tasa de crecimiento tuvo una disminución de 45.1 por ciento, a partir de que la superficie de este cultivo es sembrada bajo temporal ha disminuido en un 52.6 por ciento en el mismo periodo, la superficie sembrada con riego también disminuyó hasta un 24.9 por ciento entre el valor de 1990 al del 2012.

Gráfica 17. Chihuahua. Avena grano. Precio Medio Rural. 1990-2012. Pesos nominales y reales.

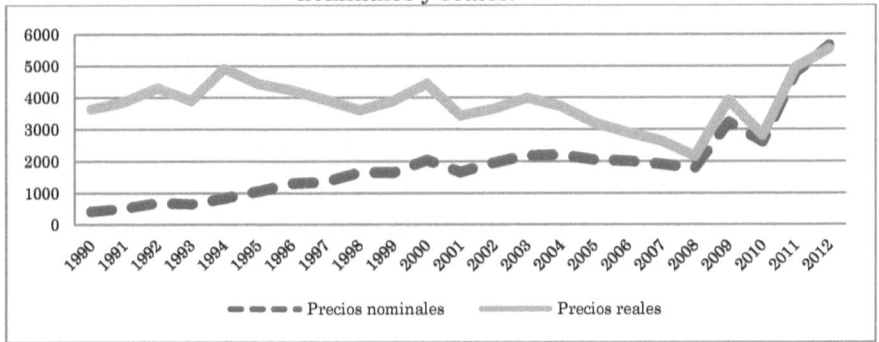

Fuente: elaboración propia en base a información de SAGARPA. Base 2012

La gráfica 17 muestra que debido a la variación de la producción y de los precios, el valor de la producción de la avena, a precios reales del 2012, ha ido en aumento llegando hasta un 52.3 por ciento de 1990 a 2012.

Gráfica 18. Chihuahua. Avena grano. Valor de la producción. 1990- 2012. Pesos nominales y reales.

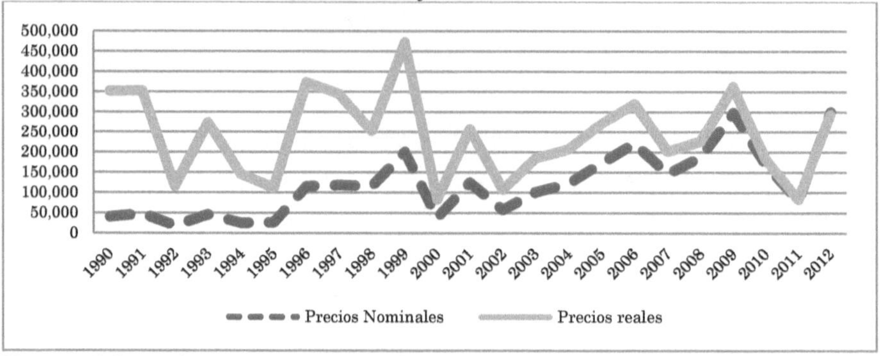

Fuente: elaboración propia en base a información de SAGARPA. Base 2012

La gráfica 18 muestra que debido a la notable variación de la producción y aumento de los precios, el valor de la producción de la avena, a precios reales del 2012, ha disminuido en un 16.4 por ciento de 1990 a 2012.

3.5 Manzana

También Chihuahua es el primer lugar a nivel nacional en superficie y producción de manzana. Con el 43.3 por ciento de la superficie en producción, pero con 55.2 por ciento de la producción nacional.

Gráfica 19. Chihuahua. Manzana. Superficie sembrada (ha). 1990-2012

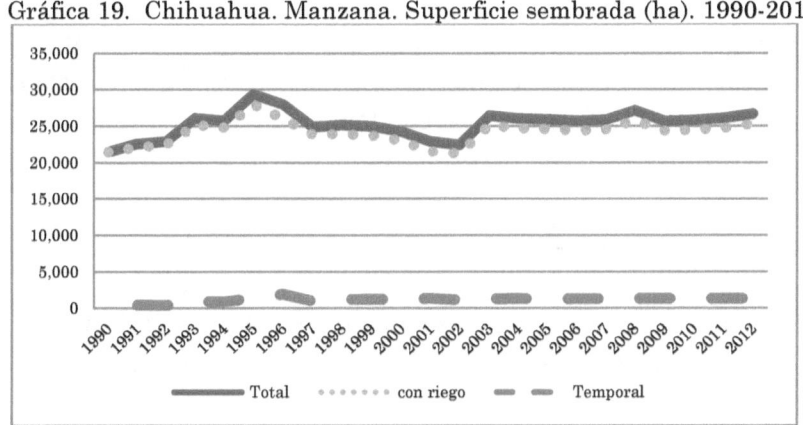

Fuente: elaboración propia en base a información de SAGARPA.

De acuerdo con la información de la gráfica 19, la superficie total sembrada de manzana en Chihuahua, muestra un ascenso pero en 1996 se ve un descenso hasta llegar al año 2002, y comienza a ascender ligeramente llegando hasta el 2012, la tasa de crecimiento aumento hasta un 24.1 por ciento, la superficie de este cultivo sembrada bajo temporal aumentó hasta un 195.5 por ciento, y la superficie sembrada con riego disminuyó en 19.3 por ciento entre 1990 y 2012.

Gráfica 20. Chihuahua. Manzana. Produccion (ton). 1990-2012

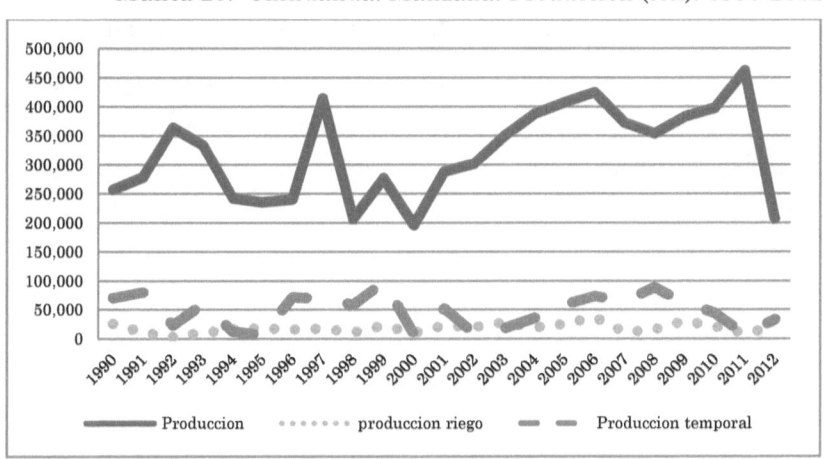

Fuente: elaboración propia en base a información de SAGARPA.

La gráfica 20 muestra que la producción total de manzana en Chihuahua, aun y cuando hay incrementos en la producción de 1990 hasta el año 2011, esta se desploma drásticamente en el 2012, por lo que su tasa de crecimiento tuvo una disminución de 19.3 por ciento, la superficie de este cultivo que es sembrada bajo temporal ha aumentado en un 135 por ciento entre el valor de 1990 al del 2012. Con una variación anual de 17 por ciento, la superficie sembrada con riego disminuyó hasta un 22.7 por ciento entre el valor de 1990 al del 2012.

Gráfica 21. Chihuahua. Manzana. Precio Medio Rural. 1990-2012. Pesos nominales y reales.

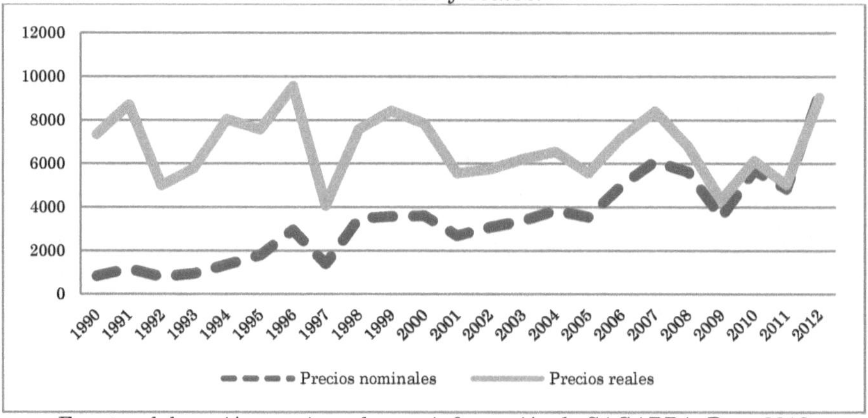

Fuente: elaboración propia en base a información de SAGARPA. Base 2012

En cuanto al precio medio rural pagado a los productores de manzana, La gráfica 21 muestra que el valor de la producción de las manzanas, a precios reales del 2012, ha ido en aumento llegando hasta un 23.2 por ciento entre el valor de 1990 a 2012.

Gráfica 22. Chihuahua. Manzana. Valor de la producción. 1990-2012. Pesos nominales y reales.

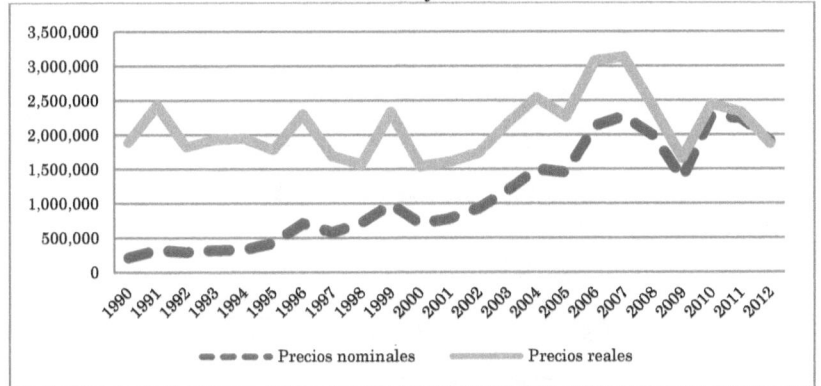

Fuente: elaboración propia en base a información de SAGARPA. Base 2012

La gráfica 22 muestra un aumento en los años del 2002 al 2004 de la producción, bajando del 2007 al 2009 y teniendo una notoria variación de los precios, indicando el valor de la producción de la manzana, a precios reales del 2012, ha disminuido en un 0.68 por ciento entre el valor de 1990 a 2012.

3.6 Nuez

Chihuahua cuenta con el 61.1 por ciento de la superficie de nogal en producción (debido a sus características climáticas; produce 54.2% de la oferta total del país.

Gráfica 23. Chihuahua. Nuez. Superficie sembrada (ha). 1990-2012

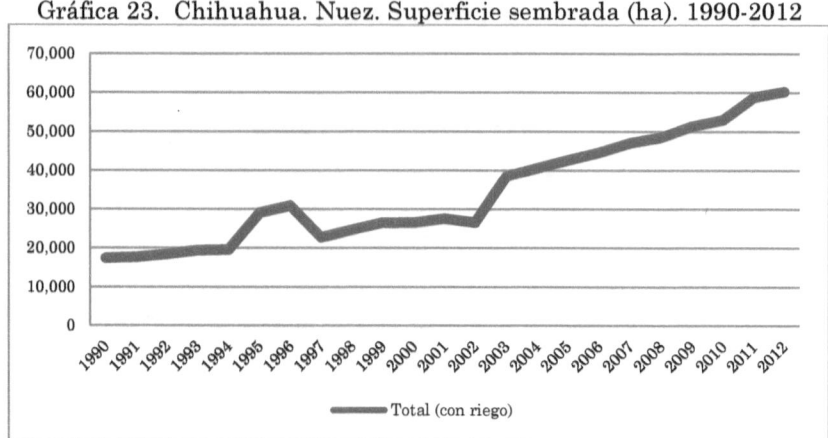

Fuente: elaboración propia en base a información de SAGARPA.

De acuerdo con la información de la gráfica 23, la superficie total sembrada de nogal en Chihuahua ha venido notablemente en aumento, de 1990 a 2012, la tasa de crecimiento anual fue de 245 por ciento, es decir casi se triplica en escasos 23 años.

Gráfica 24. Chihuahua. Nuez. Produccion (ton). 1990-2012

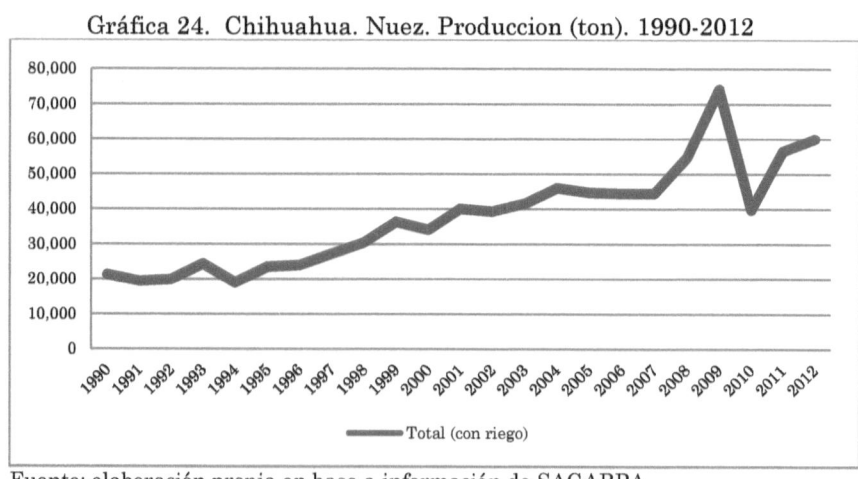

Fuente: elaboración propia en base a información de SAGARPA.

Así mismo, la producción presenta una tendencia positiva ya que de 1990 a 2012, ha crecido un 181 por ciento, lo que se puede explicar por el aumento significativo en la superficie sembrada, ya que los rendimientos en ese periodo apenas y crecieron 2.7 por ciento.

Gráfica 25. Chihuahua. Nuez. Precio Medio Rural. 1990-2012

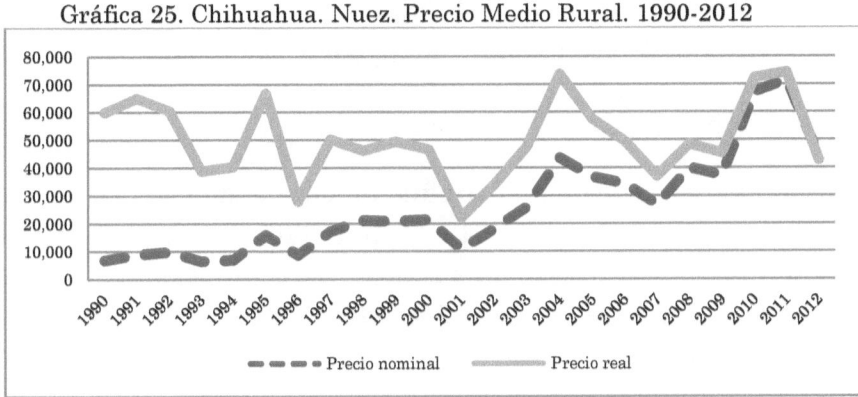

Fuente: elaboración propia en base a información de SAGARPA

En cuanto al precio medio rural pagado a los productores de nuez, destaca que no obstante de que a partir de 2007, se presenta un aumento en el precio real del producto, los nogaleros han visto disminuir su ingreso de 1990 al 2012 en 28.8 por ciento.

Gráfica 26. Chihuahua. Nuez. Valor de la producción. 1990-2012. Pesos nominales y reales.

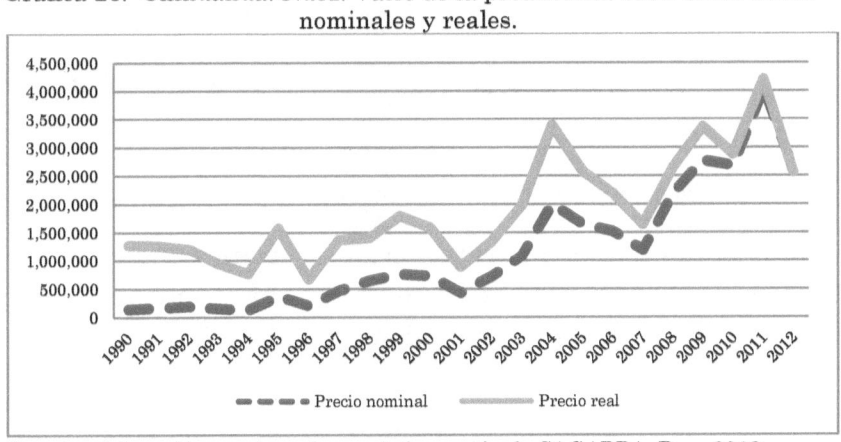

Fuente: elaboración propia en base a información de SAGARPA. Base 2012

De acuerdo con la gráfica 26, debido al significativo crecimiento de la superficie sembrada y por tanto de la producción determinan que el valor de la producción de la nuez, a precios reales del 2012, ha aumentado en 100 por ciento de 1990 a 2012, lo que explica que la nuez aporte el 11.26 por ciento del total del valor de la producción agrícola total del estado, el cuarto lugar en importancia después del maíz, el algodón y la alfalfa.

3.7 Algodón de hueso

Chihuahua es el principal productor de algodón del país, con 53 por ciento del total en el 2012, último dato reportado. En el caso de Chihuahua sus principales zonas productoras están en el norte del estado (Ojinaga, Janos, Ascensión, Buenaventura y Nuevo Casas Grandes).

Gráfica 27. Chihuahua. Algodón de hueso . Superficie sembrada (ha). 1990-2012

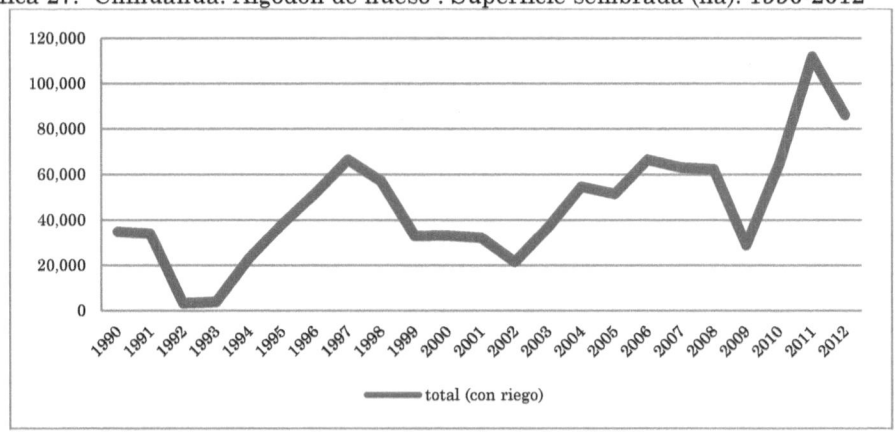

Fuente: elaboración propia en base a información de SAGARPA

De acuerdo con la información de la gráfica 27, la superficie total sembrada de algodón en Chihuahua ha venido aumentando, de 1990 a 2012, la tasa de crecimiento fue de 147 por ciento.

Gráfica 28. Chihuahua. Algodón hueso. Producciòn (ton). 1990-2012

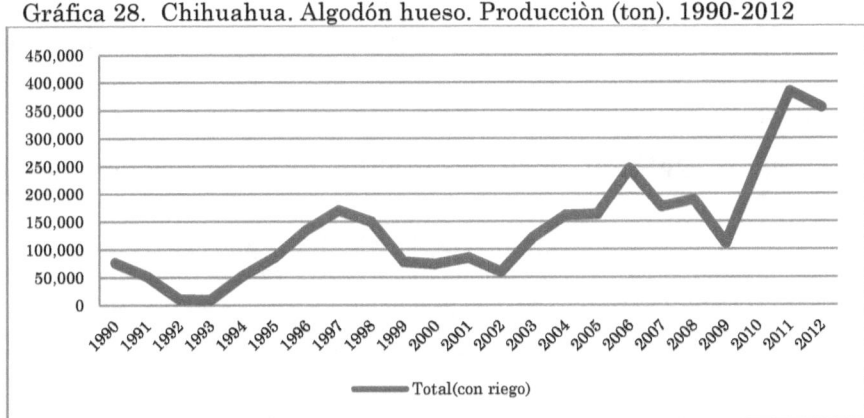

Fuente: elaboración propia en base a información de SAGARPA

Asimismo, la producción presenta una tendencia positiva ya que de 1990 a 2012, ha crecido un 365 por ciento, lo que se puede explicar por aumentos significativos en el rendimiento pues en ese periodo casi se duplico al aumentar 80 por ciento.

Gráfica 29. Chihuahua. Algodón de hueso. Precio Medio Rural. 1990-2012 Pesos nominales y reales.

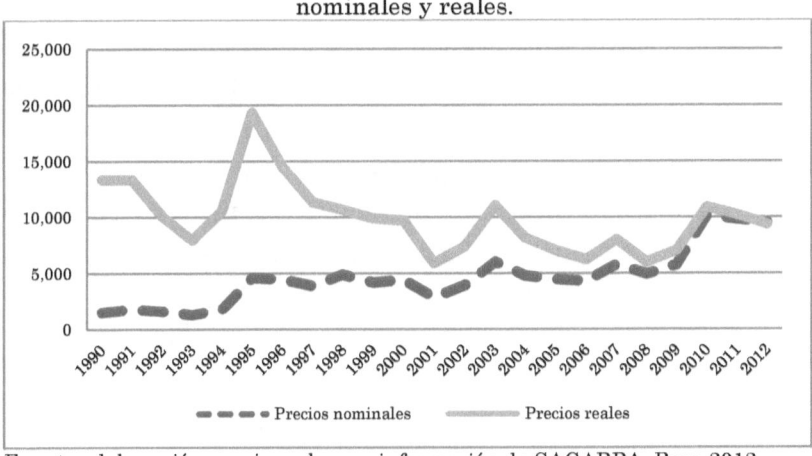

Fuente: elaboración propia en base a información de SAGARPA. Base 2012

En cuanto al precio medio rural pagado a los productores de algodón, se destaca que a partir de 1995 se presenta una disminución en el precio real del producto, por lo que la tasa de crecimiento para el periodo estudiado fue de menos 22.9 por ciento.

Gráfica 30. Chihuahua. Algodón de hueso. Valor de la producción. 1990-2012 Pesos nominales y reales.

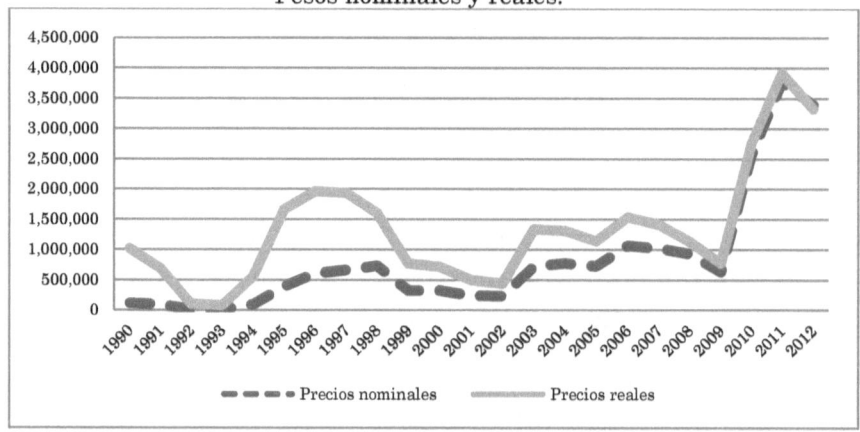

Fuente: elaboración propia en base a información de SAGARPA. Base 2012

De acuerdo con la gráfica 30, debido al significativo crecimiento de la producción el valor de la producción del algodón, a precios reales del 2012, ha aumentado un 226.5 por ciento de 1990 a 2012, lo que explica que dicho cultivo aporte 14.6 por ciento del total del valor de la producción agrícola total del estado, con lo que es el segundo más importante después del maíz.

3.8 Alfalfa verde

De acuerdo con los datos de la SAGARPA, en 2012 Chihuahua aportó en cuanto a alfalfa verde, 19.7 por ciento de la producción nacional, por lo que es el primer lugar en producción de éste forraje.

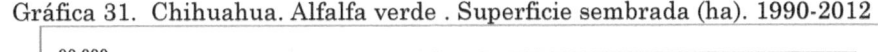

Gráfica 31. Chihuahua. Alfalfa verde . Superficie sembrada (ha). 1990-2012

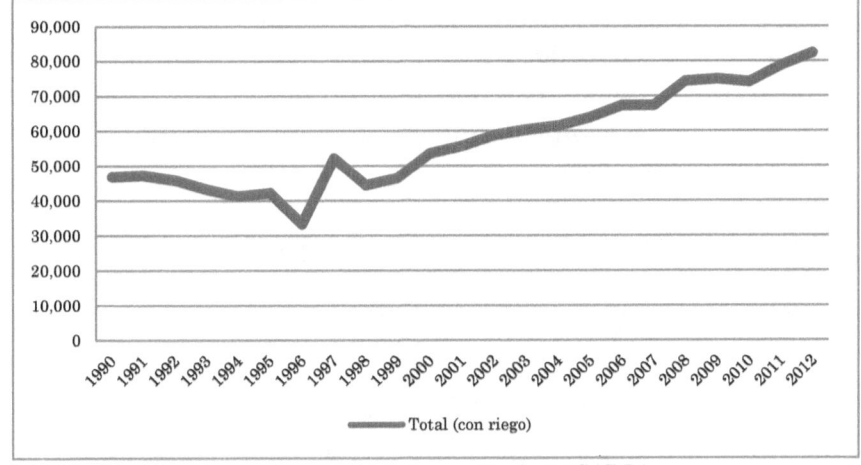

Fuente: elaboración propia en base a información de SAGARPA

De acuerdo con la información de la gráfica 31, la superficie total sembrada de alfalfa en Chihuahua ha venido aumentando, de 1990 a 2012, la tasa de crecimiento media anual fue de 3.4 por ciento, lo que se puede explicarse por una razón, el incremento reciente de los alimentos balanceados para los animales como consecuencia del aumento en el precio internacional del maíz a partir del 2008, ha obligado a los ganaderos a demandar una mayor cantidad de este producto.

Gráfica 32. Chihuahua. Alfalfa verde. Producciòn (ton). 1990-2012

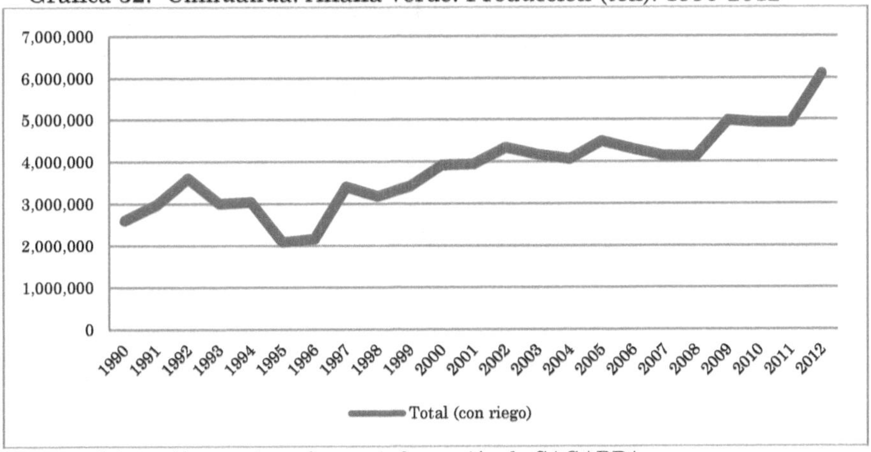

Fuente: elaboración propia en base a información de SAGARPA

En este orden de ideas, la producción presenta una tendencia positiva ya que de 1990 a 2012, ha crecido en un 5.4 por ciento anual, lo que se puede explicar por aumentos significativos en el rendimiento y el comportamiento del precio medio rural de la alfalfa (ver gráfica 33).

Gráfica 33. Chihuahua. Alfalfa verde. Precio Medio Rural. 1990-2012. Pesos nominales y reales.

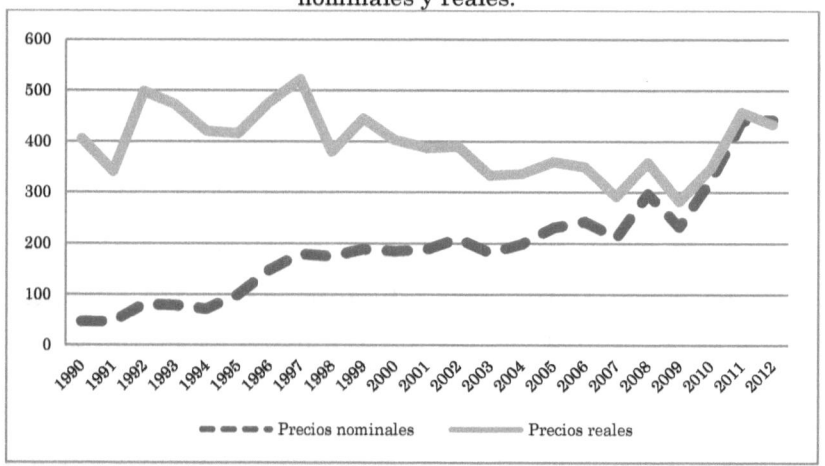

Fuente: elaboración propia en base a información de SAGARPA. Base 2012

En cuanto al precio medio rural pagado a los productores de alfalfa, se destaca que no obstante de que a partir de 1997 se presenta una disminución en el precio real del producto, la tasa de crecimiento para el periodo estudiado fue de 6.9 por ciento.

Gráfica 34. Chihuahua. Alfalfa verde. Valor de la producción. 1990-2012. Pesos nominales y reales.

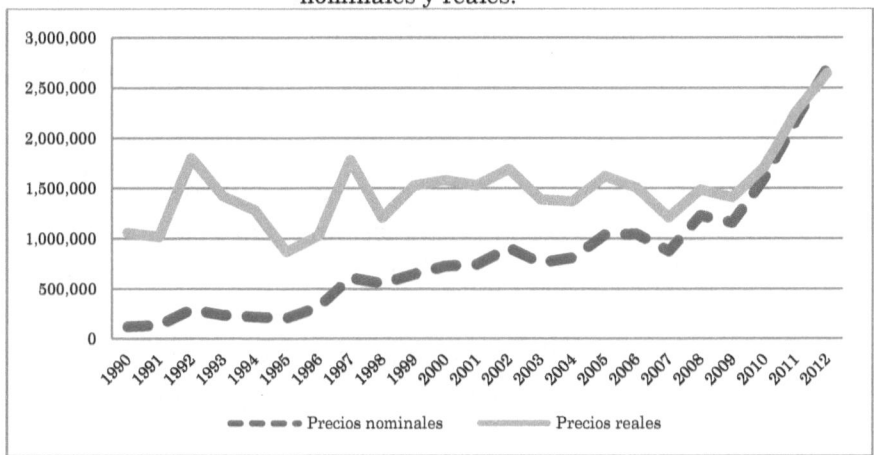

Fuente: elaboración propia en base a información de SAGARPA. Base 2012\

De acuerdo con la gráfica 34, debido al significativo crecimiento de la producción y los recientes aumentos de los precios de los forrajes, explican que el valor de la producción de la alfalfa, a precios reales del 2012, ha aumentado casi 1.5 veces de 1990 a 2012, lo que explica que la alfalfa signifique el 11.6 por ciento del total del valor de la producción agrícola total del estado, el tercero en importancia después del maíz y el algodón.

Reflexiones finales

No obstante que la amplitud y complejidad del tema abordado en este trabajo obligó a delimitar los aspectos considerados para analizar la situación del subsector agrícola en el estado de Chihuahua , por lo que se dejó de lado por ejemplo la parte social de la actividad, aspecto que deberá ser retomado en una posterior investigación, sin embargo se considera que si cubrió el aspecto planteado en el objetivo trazado al inicio del documento ya que se presenta un análisis detallado de la agricultura en el estado, en donde es conveniente destacar los siguientes aspectos:

A nivel nacional, la agricultura chihuahuense ocupa el sexto lugar dentro de los diez primeros estados en importancia en cuanto a su aporte al valor de la producción agrícola en México con el 5.6% del total del valor de la producción, lo que se puede explicar al considerar que Chihuahua es el primer productor nacional de algodón, alfalfa, manzana, nuez, avena, chile verde y maíz amarrillo.

Aunque a nivel estatal, el sector primario tiene una participación marginal en el producto interno bruto del estado, no se debe perder de vista que la agricultura juega un papel multifuncional y por tanto no solo medir su importancia en virtud de dicho aporte, sino además considerar la generación de empleos, el turismo rural y sobre todo el efecto multiplicador que posee la actividad

Sin embargo, si se analiza el subsector agrícola chihuahuense de forma aislada, se puede observar que algunos indicadores presentan tendencias positivas como por ejemplo el valor de la producción agrícola, mismo que aun y considerando su valor constante, para los últimos 20 años tiene un tasa de crecimiento promedio anual de poco más de 2 por ciento, lo que implica un dinamismo económico importante.

Es de destacar que en la agricultura chihuahuense se presenta una notoria especialización en pocos cultivos muy comerciales, ya que tan solo 4 (maíz amarillo, algodón, alfalfa y nuez) aportan el 56.1 por ciento del total del valor de la producción agrícola estatal.

En cuanto a la superficie sembrada es de destacar que aunque el crecimiento de la misma es positivo, en el periodo analizado la misma aumentó casi 132 mil hectáreas, un aspecto que es importante resaltar es el notable crecimiento de la superficie sembrada con riego ya que en 1990, las tierras sembradas bajo este régimen hídrico eran apenas una tercera parte de todas las cultivadas y ya para 2012 casi la mitad de las hectáreas totales están bajo riego.

Es importante señalar que de 1990 a 2012 la superficie de temporal se redujo en 56,542 hectáreas, mientras que las de riego aumentaron 188,231 ha, lo que básicamente implica que el crecimiento de la superficie sembrada en el estado se debe a la incorporación de este sistema de producción.

Este aspecto tiene varios matices dignos de comentar, por un lado, la disminución de las áreas temporaleras puede significar que varios productores agrícolas se han visto obligados a dejar la actividad por problemas de rentabilidad y competitividad. Por el otro, el crecimiento del riego, aparte de la presión a los mantos acuíferos del estado, pudiera estar concentrado la producción agrícola en el sector más rico de los productores agrícolas chihuahuenses.

Además es necesario señalar que varios de los productos en los que destaca el estado como el primer productor en México son sembrados bajo riego y que a su vez dichos productos son exportados al interior del país o al extranjero, lo que implica que en cierta forma se está exportando agua de un estado donde casi la mitad de su territorio es desierto, lo que debería obligar a replantear ciertas políticas públicas para reorientar de manera sustentable la producción agrícola de Chihuahua.

En este capítulo solo se describen algunas variables de carácter meramente económico, tales como valor de la producción, superficie sembrada, precio medio rural, entre otras; lo que permitió destacar una visión de la agricultura en Chihuahua, sin embargo para enriquecer este análisis en una futura investigación se pretenden abordar aspectos sociales que se encuentran inmersos en la problemática del subsector, como el impacto del desempleo, la situación de pobreza en la que se encuentran miles de campesinos y el papel de los programas sociales en el agro chihuahuense.

Bibliografía

Carrera, Benjamín. 2011. Problemas de la ganadería. La Jornada del campo 41 http://www.jornada.unam.mx/2011/02/19/rancheras.html (20 de febrero de 2014)

Secretaria de Agricultura, Ganadería, Desarrollo Rural, Pesca y Alimentación. 2014. Servicio de Información Agroalimentaria y Pesquera. http://www.siap.gob.mx/cierre-de-la-produccion-agricola-por-estado/. (3 de Febrero de 2014).

Secretaria de Agricultura, Ganadería, Desarrollo Rural, Pesca y Alimentación. 2014. Servicio de Información Agroalimentaria y Pesquera. http://www.siap.gob.mx/cierre-de-la-produccion-agricola-por-cultivo/. (3 de Febrero de 2014).

Secretaria de Economía. 2014. ProMéxico, Inversión y Comercio. http://mim.promexico.gob.mx/Documentos/PDF/mim/FE_CHI HUAHUA_vf.pdf. (26 de febrero de 2014)

4
El proceso migratorio y el desarrollo regional de Cd. Juárez, repensar la gestión migratoria desde la frontera

El presente artículo tiene por objetivo exponer la evolución del proceso migratorio que ha atravesado Ciudad Juárez, se hace énfasis en los factores de atracción y las nuevas lógicas expulsión y las implicaciones en el desarrollo y la dinámica poblacional. Se invita a repensar la migración como proceso social y las relaciones con el desarrollo regional, examinando el caso de ésta ciudad fronteriza, con la intención de emitir propuestas hacia una gestión de la migración con enfoque de desarrollo.

El texto está dividido en cinco apartados, el primero inicia con una aproximación teórica-conceptual sobre los marcos explicativos vigentes para el estudio y tratamiento de la migración, seguido por la problematización que se ha generado en la interacción migrante-Estado; en el tercer apartado se repasan los eventos más trascendentales de la historia económica y la acción estatal en torno al proceso migratorio, en la sección cuarta se exponen los cambios en las lógicas de expulsión de Cd. Juárez, por último se finaliza con algunas propuestas específicas hacia una gestión migratoria integral con enfoque de desarrollo.

1. Aproximación teórico-conceptual

Las movilidades o migraciones en las diferentes modalidades son fenómenos que han acompañado a la humanidad desde sus inicios, el argumento más sencillo para tratar de explicar este fenómeno se puede sustentar en el enunciado económico sobre la disyuntiva del abandono y desterritorialización hacia la búsqueda de recursos o condiciones elementales para la subsistencia.

Este enunciado, aún vigente se ha extendido ampliamente desde distintas perspectivas científicas, que abarcan: la economía, la ciencia política, la sociología, la antropología, la historia, la geografía, la demografía, entre otras. En la literatura actual se puede encontrar sobre el tema una amplia variedad marcos explicativos, diversas categorizaciones y modelos de tipologías migratorias, y se denota que la tendencia actual entre los estudiosos del tema migratorio tiende a inclinarse hacia la interdisciplinariedad, la complementariedad de posturas epistémicas, enfoques metodológicos y en sí hacia estudios holísticos que puedan explicar el fenómeno migratorio y sus procesos sociales.

Las aproximaciones teórico-conceptuales enunciadas en el presente apartado, sobre los marcos vigentes para el estudio de las migraciones, tienen la intencionalidad de exponer los elementos básicos para lograr un acercamiento en torno la migración como proceso social.

Los cuadros 1 y 2 presentados a continuación, son una aproximación hacia una tipología general de las migraciones, considerando los esquemas más aceptados y vigentes desde los círculos académicos.

Cuadro 1. Hacia una tipología general de las migraciones.

TIPO DE INTERACCIÓN	FUERZA MIGRATORIA	CLASE DE MIGRACIÓN	TIPOS DE MIGRACIÓN	
			CONSERVADORA	INOVADORA
Naturaleza y hombre	Empuje ecológico	Primitiva	Errante	Huida de tierra
Estado (o equivalente) y hombre	Política migratoria	Impelida Forzada	Huida Desplazamiento	Comercio "coolie" Comercio esclavo
Hombre y sus normas	Mayores aspiraciones	Libres	Grupo	Pionero
Comportamiento colectivo	Momento social	Masiva	Asentamiento	Crecimiento urbano

Fuente: Petersen (1975) citado por Herrera (2006:72).

Cuadro 2. Tipología migratoria desde el punto de vista de sus causas o lógicas de expulsión

Forzadas **Desplazamiento** **Despojo**	Políticas Violencia política	Guerras, conflicto internos Persecuciones
	Económicas Violencia económica	Crisis Desempleo agudo
Voluntarias **Migración económica-laboral** **Migración familiar**	Económicas Sociales Individuales	

Fuente: Elaboración propia a partir de Herrera (2006:72) y Sassen (2014).

A los marcos anteriores Herrera (2006:72) agrega otras categorías básicas, considerando el punto de vista espacial (origen y destino), las divide en; nacionales (internas) e internacionales (externas), las primeras a su vez las subdivide en rural-urbanas, urbana-rural, interurbanas e interrurales y las segundas en intercontinentales e intracontinentales.

Las tipologías y categorías arriba expuestas se consideraron como marco referencial, debido a que ubican los distintos flujos de personas que integran el proceso migratorio que ha atravesado Ciudad Juárez. El cuadro 1 apoyará a la descripción de los factores de atracción que serán expuestos en el apartado tercero, mientras que el cuadro 2 aportará al entendimiento de las causas y lógicas de expulsión de sección cuarta. Además estos marcos empatan con los modelos que interrelacionan migración y desarrollo, los cuales de acuerdo con Sobrino (2010:21-28) se han encaminado por área disciplinar y utilidad; desde la demografía se ha privilegiado el modelaje de los volúmenes de migración y su impacto en los cambios en la estructura poblacional de los lugares origen y destino, pudiendo ubicar entre las aportaciones más relevantes a Ravenstein (1885), Lee (1966), Harris y Todaro (1970), entre otros, desde la óptica de la economía se ha optadopor describir la migración laboral y su efecto en la convergencia regional, estudios de Zelinsky (1971), Rostow (1960), Solow (1956), Amstrong y Taylor (1993), Massey (1981), Germani (1966), Rodríguez y Busso (2009), Muñoz, de Oliveira, Stern y Ebanks (1972) y en la geografía humana se han elaborado modelos en donde interviene de manera explícita la variable espacio, tratando de diseñar y pronosticar la distribución de la población y las actividades en el territorio (Geyer y Kontuly, 1993).

Actualmente dentro de las perspectivas teóricas para el estudio de las migraciones es notorio el predominio de la diversidad, no obstante, se puede vislumbrar que son marcos vigentes: la teoría neoclásica, la nueva economía sobre migración, la teoría de los sistemas migratorios (basada en la propuesta del sistema mundo), la teoría de redes, la teoría institucional, la teoría de la causación acumulativa, la teoría de los sistemas de migración, el modelo histórico estructural (perspectivas del sur), el paradigma transnacional y los estudios del proceso migratorio (Herrera, 2006:184-212, Martínez y Arellano, 2010:23-28, Castles y Delgado, 2007:75-86).

Martínez y Arellano (2010: 25-26) ofrecen un marco explicativo sobre las distintas perspectivas que se han desarrollado y empleado para estudiar los flujos y movimientos de personas en América latina:

Demográfica. Impulsada por el Centro Latinoamericano de Demografía (CELADE) en los años sesenta. Este enfoque no aportó elementos teóricos significativos dentro de la explicación migratoria, sin embargo, brindó herramientas para cuantificar y operacionalizar las variables demográficas que eran importantes para el desarrollo de los países latinoamericanos, basándose en las estadísticas surgidas de los censos y conteos de la población. Lo que se rescata de ésta corriente son los esfuerzos por diseñar instrumentos de medición basándose en estadísticas poblacionales con las que contaban los institutos de demografía nacionales.

Teoría de la modernización. Impulsada principalmente por Germani y Zelinsky, este enfoque sostiene que las migraciones principalmente son fruto del desarrollo económico y del proceso de modernización de la sociedad. La migración como proceso social, es una expresión de los cambios básicos que están transformando al mundo de un planeta de aldeas y desiertos en un planeta de ciudades y metrópolis (Germani, 1971). Desde este marco explicativo se trata de responder a la pregunta ¿por qué la gente migra? Considerando factores de lugar de origen y del destino que los individuos evalúan para tomar la decisión. Germani distinguió tres niveles de análisis en la decisión de migrar: el nivel objetivo, el normativo y el nivel psicosocial. Para Muñoz, Olveira, Stern y Ebanks (citados por Martínez y Arellano 2010: 26) éste enfoque visualiza a la migración como un mecanismo de "movilidad social" en el proceso de la mundialización.

Los procesos de modernización e industrialización originados después de la segunda guerra mundial, fueron sinónimo de progreso y desarrollo durante el siglo pasado, contando en su núcleo con componentes geográficos y de movilidad humana. La modernización del siglo XX fue esencialmente urbana y desató fuerzas que promovieron la urbanización, el reforzamiento y la ampliación de las ciudades y de su papel en la sociedad, en la economía y la migración del campo a la ciudad. Estas constataciones conducen de manera natural a enfoques evolucionistas que plantean una relación entre las etapas de la modernización y las modalidades de la migración (Rodríguez y Busso, 2009: 28).

En la década de los setenta, en consonancia con el modelo clásico de la transición demográfica y de algunos modelos de la época que describían el desarrollo económico y social como una sucesión de etapas, Zelinsky (1971) planteó su hipótesis de la "transición de la movilidad", en la que sostiene que la dirección y magnitud de las corrientes migratorias pasan por al menos cinco fases que se superponen con cinco etapas del desarrollo de las sociedades: 1) sociedad tradicional premoderna, 2) sociedad en estado inicial de transición, 3) sociedad en estado avanzado de transición, 4) sociedad avanzada y 5) sociedad futura súper avanzada.

Perspectiva de la economía neoclásica. Este enfoque surgió en los años setenta y trata de responder a la pregunta ¿En qué medida la migración se debe a factores económicos como diferenciales de salarios, empleo, entre otros? Lewis explica al fenómeno como un mecanismo de ajuste entre la oferta y demanda de trabajo, mediante la cual los trabajadores se mudan de un ambiente rural al urbano-industrial, el incentivo para por el cual la mano de obra se muda del campo a la ciudad está en función de las diferencias salariales entre los trabajos rurales tradicionales y los salarios en las ciudades (Martínez y Arellano 2010: 26).

Histórico-estructural. Percibe que la migración es parte de un proceso social de cambio vinculado al desarrollo o a la desigualdad estructural dentro los lugares de expulsión y atracción. En este modelo la unidad de análisis ya no es el individuo sino la estructura económica, política y sociocultural definida históricamente en cada país, esta perspectiva procuraba explicar los desplazamientos de la población en función de dos factores ordenadores: la acumulación y reproducción de capital y las especificidades históricas de América Latina en materia de poblamiento, distribución de recursos, presencia del Estado y estructura de clases (Rodríguez y Busso, 2009: 30-32).

Por su parte, con la intención de lograr una teoría de largo alcance sobre el proceso migratorio global, Castles y Miller (2004) exponen que en el contexto internacional se vive una era de las migraciones, problematizada porque la relación globalización-migración genera una serie de perturbaciones sociales que son intrínsecamente contradictorias (Herrera, 2006: 206), en la cual los flujos migratorios más recurrentes a nivel mundial se dan desde los países menos desarrollados hacia los países avanzados, desde la óptica del sistema mundo de Wallerstein adoptada por Sassen (1998) del sur global al norte global, mientras que la recurrencia en lo interno parece haber quedado dibujada desde tiempos de la modernidad y el Estado interventor con flujos de localidades atrasadas y/o rurales, hacia los centros industriales y las grandes ciudades.

Desde el enfoque de los sistemas migratorios, las movilidades o distintos flujos internos e internacionales son fenómenos concatenados en los tiempos de la mundialización, los procesos, los patrones y sistemas migratorios están fuertemente condicionados por otros procesos sociales y profundamente estructurados (Sassen, 1998: 55-56), por regresando con Castles y Miller invitan a concebir cada movimiento migratorio como el resultado de estructuras macro-micro en interacción, estructuras conectadas en todos los niveles sociales (culturales, políticos y económicos), separadas no dan cuenta de la realidad existente, juntas pueden ser examinadas como facetas de un proceso migratorio que las une.

2. El proceso migratorio y las interacciones Migrante-Estado

Por otro lado, dentro del catálogo de las dificultades del estudio y tratamiento de las migraciones en la actualidad, se ubican las contrariedades surgidas de la interacción migrante-Estado, en cómo han sido los roles estatales en el control migratorio y la construcción como actores sociales desde tal óptica.

Al finalizar la segunda guerra mundial, con la creación sistemática de la sociedad internacional, instrumentada a través del derecho internacional codificado se ha sobrepuesto la visión jurídico-internacional, la económica y algunas corrientes sociales, ya que se han construido y redefinido a los migrantes internos e internacionales como actores que impactan en las sociedades emisoras y receptoras, variando sus roles en los mercados laborales y en el caso de los flujos internacionales dotándoles de calidades, estatus o figuras migratorias establecidas en los tratados internacionales, la gestión migratoria, los marcos jurídicos nacionales y tipologías para el estudio de las migraciones.

En el caso de las sociedades latinoamericanas después de la emancipación europea, se concibió a los migrantes (en particular a los europeos) como elementos que conformaban las nuevas nacionalidades, posteriormente, durante la época de industrialización, entre los años cuarenta hasta los setenta del siglo pasado, el rol del migrante interno e internacional se redefinió como un agente laboral y de cambio. Sin embargo, en tiempos de la globalización dentro del proceso migratorio aumentaron de los flujos clandestinos, los cuales han estigmatizado o criminalizado la figura del migrante, hasta llegar a casos en que algunos países receptores han instrumentado políticas migratorias en las cuales ciertas nacionalidades y ciudadanías se consideran perniciosas (GEADIS, 2002:93).

El control migratorio (fronterizo), tiene larga data, pudiéndose ubicar desde los tiempos de la magna Grecia, cuando se utilizaban los diploo, credenciales de metal plegado empleadas como salvoconductos o documentos de identidad y viaje (Nicolson, 1939). La historia de las políticas migratorias ha conservado como eje central de atención la perspectiva del control migratorio y el tránsito internacional, dejando de lado las cuestiones relacionadas a las migraciones intraestatales y regionales. No obstante, el tema se vuelve de interés para los Estados durante el siglo XX con la aparición de la migración no deseada.

Las acciones estatales que atienden necesidades percibidas en torno a la migración son rebasados frecuentemente, en este punto es necesario considerar la disyuntiva sobre las políticas (rígidas) de Estado y las políticas públicas, considerando el alto grado de complejidad que el fenómeno ha alcanzado a nivel global, así como la posición de los Estados ante la imposibilidad de prever situaciones coyunturales, tales como desastres ambientales, crisis políticas y económicas que catalizan el proceso migratorio, diversifican de flujos clandestinos, los desplazamientos masivos o diásporas.

Ante las experiencias negativas surgidas de la historia de las políticas migratorias, o la ausencia de efectividad en ellas, algunos analistas de la migración y organizaciones de la sociedad civil consideran imperante el cambio de perspectiva del tratamiento de la migración como mera gestión de flujos de personas o de "políticas en torno a" , hacia una gestión migratoria que tome las medidas efectivas ante cuestiones de movilidad nacional, regional y global, en otras palabras, una gestión que pase de la seguridad a la integración como plataforma de desarrollo, comprometida como un proceso de cooperación que incluya la voz de todos los actores del proceso migratorio desde el gobierno, la sociedad civil de los países emisores y receptores y sobre todo que escuche la voz de quienes viven la movilidad o desplazamiento (Sin Fronteras, IAP, 2008:21-22, Castles, 2006: 56, García; 2012:236).

En el siguiente apartado se trata de esbozar la relación entre migración y desarrollo regional en Cd. Juárez, Chihuahua se revisan los hechos que se consideraron más significativos de la historia económica de la ciudad y algunas implicaciones en el proceso y gestión migratoria.

3. Desarrollo del proceso migratorio de Ciudad Juárez: entre las migraciones internas e internacionales

Ciudad Juárez, históricamente se ha caracterizado por ser punto de origen, destino y tránsito de migrantes, es decir; emisora, receptora, puente y concentradora, tanto de flujos de personas nacionales (interestatales), como extranjeros.

Un elemento característico esencial que explica por qué Ciudad Juárez ha sido testigo de distintos flujos de personas, es la ubicación geográfica distintiva, siendo un espacio fronterizo en que cual colindan el Estado de Chihuahua (México), Texas y Nuevo México (EUA).

En este punto es pertinente aclarar que la construcción fronteriza fue resultado de la división de Paso del Norte, población establecida de ambos lados del Rio Grande, en donde se partió de la división fluvial como línea limítrofe entre Estados Unidos de América y México, como resultado del movimiento separatista texano, de la intervención estadounidense y de los Tratados de Guadalupe Hidalgo de 1948.

Crecimiento de la mancha urbana de Cd. Juárez 1856-2007

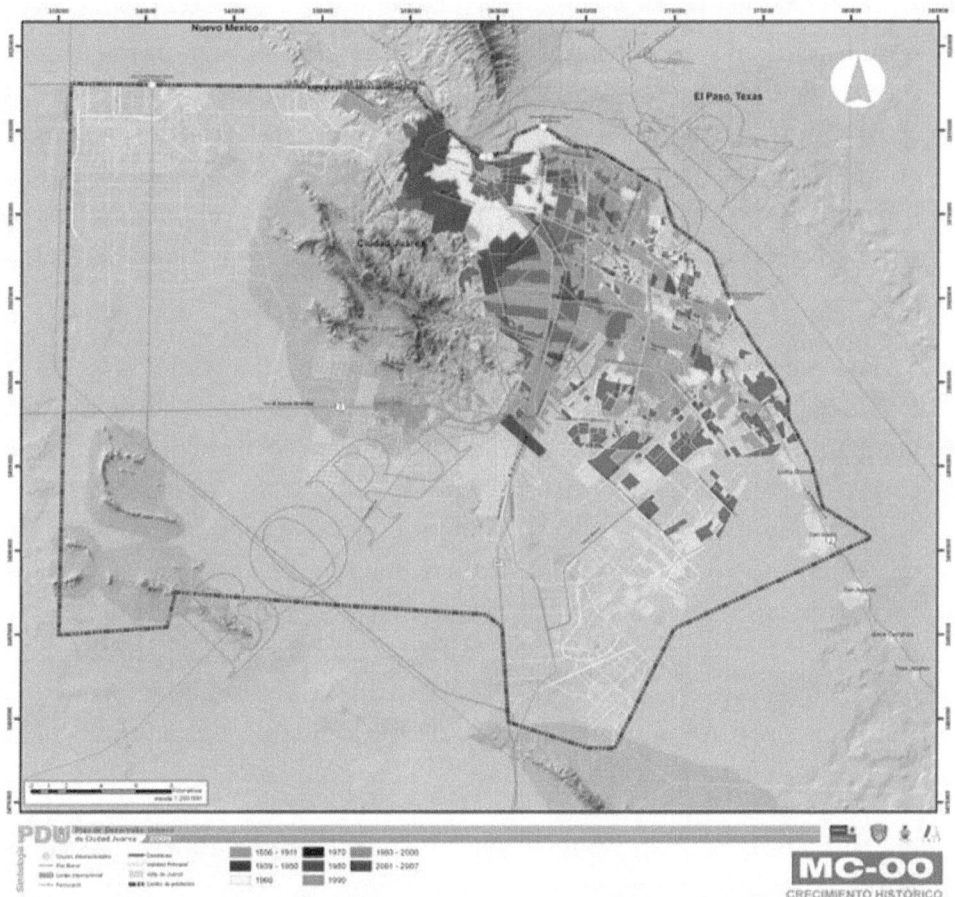

Fuente: Instituto Municipal de IP PMU 2010.

El factor taxativo o condición de frontera entre Estados y regiones es una de las causas por las cuales se hayan vivido históricamente etapas de crecimiento, desarrollo y crisis económicas muy diferentes a la experiencia de otras ciudades de la entidad federativa y del país, aunque siempre en razón de la interdependencia con los ciclos económicos del vecino del norte.

Por un lado, se encuentra la condición espacial de ingresar a Estado Unidos, de forma legal o ilegal, mientras que por otra parte se encuentran la apropiación y aprovechamiento del territorio, la inversión en infraestructura y equipamiento de la

117

ciudad. Desde la época del porfiriato cuando se implementaron acciones de política económica de corte liberal, en particular a partir de 1880, se dio un evento muy significativo para el crecimiento económico la dinámica poblacional juarense, con la creación de las grandes líneas ferroviarias, en ese año se inauguró la ruta México-Ciudad Juárez, la cual dotó a este espacio urbano-fronterizo de medios más accesibles de interconexión con el centro del país y Norteamérica.

De acuerdo con González (2007) a finales del siglo XIX, Estados Unidos se encontraba en su fase inicial de posicionamiento imperial, la construcción de la frontera sur inició con una visión dual dicotómica. El sudoeste norteamericano encontró en los productos agrícolas y la minería su oportunidad de crecimiento económico, lo cual dio a los asentamientos fronterizos la posibilidad de convertirse en puertos de entrada y salida de mercancías y trabajadores. El milagro económico del suroeste se proyectó en un negocio lucrativo de trabajadores mexicanos, éstos fueron presentados como la mano de obra óptima o más adaptable para las labores en las empresas estadounidenses.

Sin embargo, la imagen del migrante mexicano en Estados Unidos cambió después de primera guerra mundial, los estadounidenses blancos radicales comenzaron a promover la idea del "ugly mexican" acerca de la amenaza que los trabajadores mexicanos podrían significar para Norteamérica. Los blancos radicales lograron el cometido de cambiar las políticas migratorias, tomando los intensos flujos de migrantes laborales mexicanos, al notarse su en presencia de ciudades del país norteamericano tan adentradas como Detroit y Chicago. La situación de desgracia de muchos mexicanos los estigmatizó de manera tal que eran vistos incluso como un problema de salud pública. A partir del año 1918 las políticas migratorias estadounidenses comenzaron a ser restrictivas para los mexicanos, aunque se seguían solicitando para ser explotados en ciertos trabajos, parte de la sociedad estadounidense ya los comenzaba a orillar al margen (González, 2007).

Varias décadas más tarde, con la llegada de los tiempos de la industrialización y del Estado interventor se originó otro factor catalizador de los flujos migratorios para Ciudad Juárez, entre las décadas de los cuarenta y sesenta, los gobiernos estadounidense y mexicano acordaron el programa temporal de trabajadores agrícolas Bracero (1942-1967).

Una de las externalidades que la segunda guerra mundial trajo para las zonas fronterizas México-Estados Unidos, fue que las zonas del sector agrícola estadounidense (sobre todo las cercanas a la frontera) generaron una fuerte demanda de mano de obra mexicana, para lo cual los actores económicos y políticos previeron falta de mano de obra que la guerra significaría a los Estados Unidos, y nuevamente volvieron su mirada a su outlet de empleados o reserva natural de trabajadores extranjeros para la agricultura y sistema ferroviario (González, 2007).

El programa Bracero otorgó un rol relevante a los migrantes mexicanos en los Estados Unidos de América; la calidad migratoria de trabajador temporal (Martínez y Arellano, 2010:17). Así más de 4.5 millones de braceros cruzaron de manera intermitente la frontera desde 1942 a 1967.

La movilidad de los braceros[6] tuvo fuertes implicaciones para Ciudad Juárez, ya que dio más permeabilidad a la zona fronteriza, de tal manera que se normalizó el aprovechamiento de la situación geográfica para ejercer el estatus transfronterizo, residir en la ciudad y tener la facilidad de desplazarse hacia los Estados Unidos, mientras que quienes no pudieron internarse debido a los controles fronterizos pudieron optar por residir en Cd Juárez.

---

[6] El programa Bracero y sus consecuencias en sí mismo ameritaría de una revisión más profunda, para mayor información se puede consultar Alba, et al., 2010. Los grandes problemas de México. Migraciones internacionales III. México: El Colegio de México.

Cuadro 3. Movilidad del programa Bracero

Braceros en los EUA	
Años	Braceros
1942-1943	56,301
1944-1945	111,624
1946-1947	51,675
1948-1949	142,345
1950-1951	264,600
1952-1953	398,480
1954-1955	707,683
1956-1957	881,246
1958-1959	870,500
1960-1961	577,266
1962-1963	381,843
1964-1965	198,022
1966-1967	16,350
Total	4,657,935

MIGRACION DE TRABAJADORES AGRICOLAS MEXICANOS DURANTE EL PROGRAMA BRACERO 1942-1947

Durante la segunda mitad de la década de los sesentas, los flujos de personas que transitaban por Ciudad Juárez tuvieron un leve un estancamiento, el argumento se puede ubicar en la culminación del programa Bracero, miles de migrantes que trabajaban en actividades agrícolas en Estados Unidos tuvieron que regresar a México, ante tal situación el gobierno mexicano en respuesta a este contingente poblacional implementó el Programa de Industrialización Fronteriza en 1965. Desde su establecimiento la Industria Maquiladora de Exportación ha provocado un dinamismo del empleo distinto al del resto de país, condición que ha atraído a migrantes interestatales hacia ciudades fronterizas con la intención de integrarse laboralmente a esta actividad (Martínez y Arellano, 2010:15-17).

Desde una postura crítica, González (2007) ubica que a partir 1965 las twint plants fueron para las empresas estadounidenses una alternativa conveniente de la mano de obra barata, surgió una nueva modalidad de explotación del mexicano, produciéndose enclaves manufactureros controlados desde las metrópolis estadounidenses, sin producir inmigrantes, dotando de regímenes fiscales de excepción, evitando arraigo para una cultura sindical y promoviendo la migración masiva de población primero dentro estados fronterizos y luego del resto de país.

Posteriormente, las crisis petroleras de los años setenta y la década perdida (los años ochenta) fueron parte aguas para abandonar las políticas económicas del Estado interventor. Durante la década de los ochenta y noventa se instrumentaron los mecanismos desde las instituciones financieras internacionales para dar paso a la globalización neoliberal. A partir de 1982, México comenzó a abandonar las políticas proteccionistas surgidas en tiempos del Estado desarrollista latinoamericano y adoptó los postulados neoliberales que descansan en una economía abierta a las importaciones y exportaciones y una menor participación estatal en la economía, tal proceso se consolidó con la firma, ratificación y entrada en vigor del Tratado de Libre Comercio de América del Norte.

De acuerdo con las ideas de Herrera (2006: 211) y GEADIS el proceso migratorio en el contexto de proyecto político neoliberal librado a la economía de mercado no contempla la integración de la mano de obra, sino que tiene entre sus principales consecuencias el crecimiento del desempleo, en donde el migrante se convierte en una amenaza, situación que se visualiza particularmente en la migración internacional y para el caso mexicano quedo tácitamente entendida en el TLCAN al no facilitar políticas para la movilidad de las personas, como ocurre con otros acuerdos comerciales internacionales (GEADIS, 2002:94).

Desde la entrada en vigor del TLCAN, las empresas transnacionales aprovecharon las ventajas comparativas y facilidades que México ofrecía hacia la Inversión Extranjera Directa, lo cual provocó en la década de los noventas el boom manufacturero en toda la franja fronteriza, en Cd. Juárez a diferencia de lo expuesto por GEADIS en el párrafo anterior para el caso de la migración interna, la demanda del sector maquilador y sus efectos multiplicadores en el resto de actividades económicas, desbordó la disponibilidad de la mano de obra local, por tal razón la ciudad se volvió atractiva para la migración y se dio nuevamente una explosión demográfica (Rubio, 2011: 141).

No obstante, la estabilidad del sector manufacturero ha dependido de la salud económica de los Estados Unidos, pudiendo ubicar dos crisis recientes las del 2001 y 2008 que impactaron fuertemente al sector maquilador de Cd. Juárez.

Por lo tanto, factores como la permeabilidad de la frontera y el dinamismo económico resultado de la vecindad con los Estados Unidos, en particular el auge del sector manufacturero son razones atribuibles por las cuales un alto porcentaje de su población en Cd. Juárez no es originaria de la región. De acuerdo con Martínez (2013:21) hasta el año 2005, Cd. Juárez se mantenía a la cabeza como el municipio con mayor número de migrantes en el estado de Chihuahua (véase cuadro 5).

Hasta este punto, se puede deducir que se han dado grandes flujos de personas a Cd. Juárez considerando dentro de los factores de atracción la intencionalidad de cruzar la frontera, en su intento algunos decidieron quedarse a trabajar en la localidad y aprovechar las oportunidades inherentes a la región, mientras que otros han sido trabajadores transfronterizos o se mudaron para buscar empleo en el sector maquilador sin voltear su mirada al país del norte y otros han caído en la calidad de migrantes temporales o que se encuentran en migración circular.

Lo anterior se puede sustentar de acuerdo a los censos y conteos del Instituto Nacional de Estadística y Geografía (INEGI), del año 1995 al 2005 la población del municipio de Juárez mostraba una tendencia considerable a la alza, en el año 1995 se calculó un total 1,011,786 habitantes, aumentó en el 2000 a 1,218,817 hab., alcanzó 1,313 338 habitantes en 2005, más en el año 2010 esa tendencia cambió, cuando los cálculos arrojaron 1,332,131 habitantes. Es decir, la población no ha ido en descenso, más no continuó la directriz del aumento considerable, y la urbe mostro cambios en los factores de atracción y lógicas de expulsión, la Ciudad ha dejado de ser atractiva como receptora de inmigrantes.[7]

Cuadro 4. Migración y crecimiento de la población en Cd. Juárez 1995-2010.

Periodo	Población total	inmigrantes por residencia anterior	Porcentaje de la inmigración estatal
1995-2000	1011786	106,922	77.10%
2000-2005	1218817	46,272	68.40%
2005-2010	1332131	31,721	54.40%

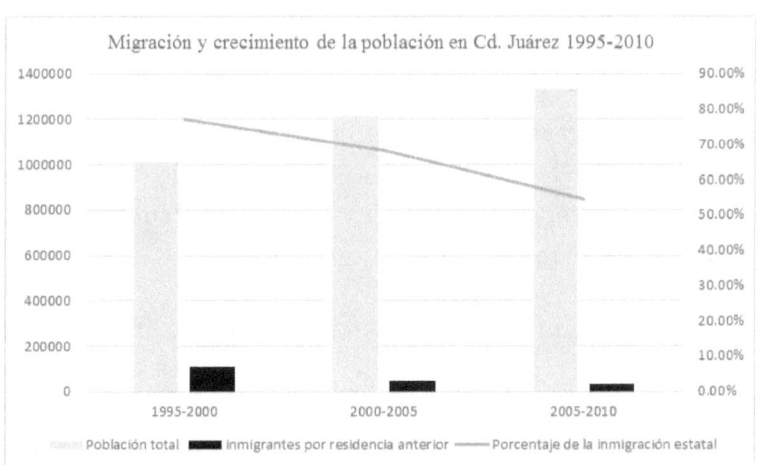

Fuente: Elaboración propia basada en Martínez (2013) e INEGI México en cifras. Información nacional, por entidad federativa y municipios,http://www2.inegi.org.mx/sistemas/mapatematicomexicocifras3d/default.aspx?e =8&mun=37&sec=M&ind=1002000001&ani=2010&src=0&i=.

---

[7] Cabe destacar que no son consideradas las variables fecundidad y mortandad, ya que un análisis sociodemográfico de tal naturaleza sobrepasa los límites del presente estudio.

Las desaceleraciones económicas posteriores al 11 de septiembre de 2001, así como la crisis económica de 2008 y el ambiente de violencia e inseguridad recientes, han sido factores que han revertido la tendencia de recepción de personas hacia la expulsión, lo cual ha reconfigurado los flujos de personas y por tanto el proceso migratorio que atraviesa la región. A pesar de los factores y razones de atracción para la migración en Ciudad Juárez hasta aquí expuestos, la tendencia migratoria hacia la ciudad comenzó a revertirse en años recientes, en particular durante la administración del gobierno de Felipe Calderón, con la implementación de la política Estado en torno a la seguridad nacional denominada "Lucha frontal contra el crimen organizado", la cual generó un clima de violencia e inseguridad sin precedentes, a la par en 2008 se gestó la crisis económica en Estado Unidos que ha afectado los mercados y provocado grandes tasas de desempleo.

A partir del año 2007 se ha dado la última reconfiguración de los flujos de personas en la ciudad y esto se debe a nuevas formas de migración en el cual Ciudad Juárez ha sido origen, estas movilidades siguiendo la tipología expuestas en los cuadros 1 y 2, pueden ser entendidos partiendo de la interacción persona Estado, con una fuerza migratoria resultada de la política y la economía, de clase impelida o migración forzada, de tipo huida o desplazamiento y espacialmente interna o externa, por causa de seguridad y resguardo.

4. Recientes crisis y la reconfiguración del proceso migratorio

El clima de seguridad en Ciudad Juárez cambió drásticamente a partir del despliegue de fuerzas armadas a inicios del año 2007, de acuerdo con el Plan Nacional para el Desarrollo (2007), en el cual se estableció el Eje 1. Estado de Derecho y seguridad, apartado 1.4, parte del proyecto de nación en cuanto al tratamiento, estrategias y objetivos contra el crimen organizado, se dictó el objetivo 8:

OBJETIVO 8

Recuperar la fortaleza del Estado y la seguridad en la convivencia social mediante el combate frontal y eficaz al narcotráfico y otras expresiones del crimen organizado.

ESTRATEGIA 8.1 Aplicar la fuerza del Estado, en el marco de la ley, para recuperar los espacios que han sido secuestrados por las bandas de narcotraficantes y otras organizaciones delictivas.

Mediante ésta y otras medidas se buscará apoyar la labor de las Fuerzas Armadas en sus labores como garantes de la seguridad interior del país, y específicamente en el combate al crimen organizado.

ESTRATEGIA 8.2

Se implementarán operativos permanentes en coordinación con los tres órdenes de gobierno, para asegurar a distribuidores de droga al menudeo, así como un sistema de inteligencia para combatir la existencia de centros de distribución de drogas y laboratorios clandestinos. (PND 2007-2012: 58-59).

A partir de la ejecución de las de medidas anteriores, los factores violencia y terror se integraron con el paso de los meses al ambiente de Cd. Juárez, con la respuesta por parte del crimen organizado, inició formalmente la lucha frontal en la cual se identificaron varios actores en combate, por un lado se encontraron los actores gubernamentales, entre ellos; las fuerzas armadas o de seguridad, las fuerzas policiales (federales, estatales y municipales), y por el otro los actores no gubernamentales; los capos o cárteles, su equipo y fuerza de trabajo (los sicarios) y lamentablemente la sociedad civil.

Sin embargo, la crisis de violencia e inseguridad suma una característica más, se integra el factor desempleo agudo y aumento de los círculos de pobreza, a causa de la prologada crisis económica que sacudió a los Estados Unidos y que repercutió de forma global, teniendo un fuerte impacto en la economía regional, por estar sustentada en una alta proporción al sector maquilador. Un estudio realizado por Centro de Investigaciones Sociales de la Universidad Autónoma de Ciudad Juárez afirma el empobrecimiento de amplios sectores de la población; tan solo de 2007 a 2009 se perdieron 70,000 empleos formales en Juárez de acuerdo a datos del Instituto Mexicano del Seguro Social (Velázquez, Martínez y Castillo, 2010).

Entonces, se ubican dos factores que alteraron los elementos de atracción y que generaron nuevas lógicas de expulsión del proceso migratorio de Ciudad Juárez; la violencia política y la violencia económica. A lo anterior Velázquez (2012) advierte que los miles de migrantes que han salido de Ciudad Juárez a causa del clima de violencia e inseguridad, es una realidad sin precedentes en la historia del proceso migratorio de ésta frontera, la cual había venido creciendo a tasas superiores al promedio nacional, y agrega que lo más sorprendente de tal escenario es el cambio radical en tan poco tiempo, en diversos indicadores económicos, sociales y poblacionales.

Considerando el peso político, así como la fuerte afección a la imagen (en cuanto a inversiones, turismo, intercambios, etc.) que causa a la región y al país, se requiere mayor atención y reconocimiento por parte de los actores políticos, económicos y sociales ante éstas nuevas movilidades que enfrenta México, entendidas como migraciones forzadas o impelidas, ya que además al incluir violaciones sistemáticas a los derechos humanos forman parte de una categoría distinta a la de migrante y se aproximan a la calidad de refugiado, de acuerdo a la Agencia de Naciones Unidas para los Refugiados estas movilidades deben ser reconocidas como deslazamientos forzados.

Como se ha revisado hasta aquí, los flujos poblacionales tanto internos como internacionales han sido elementos trascendentales para el desarrollo socioeconómico y demográfico de Ciudad Juárez, después de las aproximaciones y consideraciones hasta aquí expuestas, el siguiente apartado concentra algunas reflexiones hacia una gestión migratoria con enfoque de desarrollo.

Consideraciones hacia una gestión migratoria integral desde la frontera

Retomando las reflexiones expuestas sobre la migración y el desarrollo regional de Ciudad Juárez, a manera de conclusión se exponen algunos puntos a considerar para los analistas de la migración, los actores de la acción pública y los encargados de la gestión migratoria:

Las acciones estatales (en sus tres niveles) tendientes hacia la gestión migratoria o la política migratoria integral deben considerar a la migración desde un enfoque multidimensional, es decir, los impactos que el proceso migratorio tiene en la dimensión local, en las fronteras, a nivel nacional, regional y global.

Una gestión migratoria incluyente, debe construirse a partir de la participación real de los distintos actores de la migración, para lo cual es pertinente rescatar las experiencias de éxito de la acción pública (acciones llevadas a cabo por ONG, sociedad civil, colectivos, asociaciones religiosas, etc.) ante las acciones paliativas estatales y la simulación.

El marco jurídico nacional, debe ser congruente con los instrumentos internacionales ratificados, no solo en sus cuerpos de ley, sino como verdadero recurso jurídico para la gestión, la administración de justicia y responsabilidad de protección Estatal.

Es indispensable abandonar el enfoque del control migratorio de los flujos, pasar de la lógica del marco de seguridad hacia la óptica de la migración como plataforma de desarrollo. Para ello la migración debe convertirse de un problema social a una alternativa al desarrollo.

Es indispensable que gobierno mexicano evalúe resultados de la instrumentación y aplicación de la nueva ley de migración, asimismo que diseñe políticas específicas hacia la migración interna e internacional considerando el aspecto histórico y cultural del fenómeno, en lugar de aplicar programas regulatorios en torno a la migración y tránsito internacional. Tales acciones compensarían la incapacidad de prever situaciones coyunturales, desastres naturales o provocados por el hombre.

Considerando el clima de posguerra, la percepción ciudadana de la justicia y los recientes estallidos sociales en el país, el Estado mexicano debe robustecer esfuerzos para no incumplir la responsabilidad de proteger, por tal razón la gestión migratoria o las políticas específicas hacia el tratamiento de la migración deben ser diseñadas teniendo como eje central la seguridad, la protección de los derechos humanos y concebir la justicia transicional.

Es preciso encontrar un punto de coincidencia entre los actores involucrados en la migración, para generar resultados sostenibles, evitar choques de intereses, o políticas ambiguas y acciones gubernamentales de escritorio alejadas de realidad social.

Por último, el Estado mexicano debe integrar en su gestión una tipología migratoria más amplia, de acuerdo a los tipos de movilidades que se presentan en la realidad social, así como reconocer nuevos actores sociales y figuras jurídicas resultadas de las migraciones en contextos de violencia. Ante una nueva tipología reconocida por el Estado, en la cual se considere la vulnerabilidad de los migrantes (internos e internacionales), se podrá definir líneas de acción sobre necesidades de éstos grupos en materia de educación, salud, vivienda, y seguridad.

Bibliografía

Alba, Francisco, Castillo, Manuel y Gustavo, Verduzco. 2010. Los grandes problemas de México. Migraciones internacionales III. México: El Colegio de México

Castles, Stephen y Delgado, Raúl. 2007. Migración y desarrollo: perspectivas desde el sur. México: Porrúa.

Castles, Stephen y Miller Mark. 2004. La era de la migración, movimientos internacionales de población en el mundo moderno. México: Porrúa.

Castles, Stephen. 2006. Factores que hacen y deshacen las políticas migratorias. En Repensando las migraciones, nuevas perspectivas teóricas y empíricas, coordinación de Alejandro Portes y Josh DeWind, 33-66. México: Porrúa.

Germani, Gino. 1971. Sociología de la modernización. Argentina: Paidós.

González, Carlos. (2007). Ciudades de la frontera norte. En Un mundo de ciudades. Procesos de urbanización en México en tiempos de globalización, España: GeoForum.,

Grupo de Estudios en Antropología y Discurso (GEADIS). (2002). De inmigrantes a delincuentes. La producción de los indocumentados como amenaza social en el discurso policial. Cuadernos de Antropología Social de la Universidad de Buenos Aires (. Núm. 15). Universidad de Buenos Aires: Argentina. Pp. 91-109

Herrera, Roberto. 2006. La perspectiva teórica en el estudio de las migraciones. México: Siglo XXI editores.

INEGI. 2010. México en cifras. Información nacional, por entidad federativa y municipios. http://www2.inegi.org.mx/sistemas/mapatematicomexicocifras3d/default.aspx?e=8&mun=37&sec=M&ind=1002000001&ani=2010&src=0&i=. (10 de enero 2014)

Martínez, Wilebaldo y Arellano, Jaime. 2010. El componente migratorio en la comprensión de la dinámica y estructura poblacional de Ciudad Juárez, Chihuahua, 1995-2005. En Mercado laboral, población y desarrollo. Estudio sobre Ciudad Juárez, coordinado por Lourdes Ampudia y Luis Gutiérrez, 13-38, Ciudad Juárez: UACJ.

Martínez, Wilebaldo. 2012. Dinámica demográfica y crisis socioeconómica en Ciudad Juárez, México, 2000-2010. Estudios Regionales en Economía, Población y Desarrollo.

Cuadernos de Trabajo de la UACJ, 1(13): 1-30. Estudios regionales en economía, población y desarrollo, México: UACJ.

Nicolson, Harold. 2006. La diplomacia. México:. FCE.

Plan Nacional de Desarrollo 2007-2012. Eje 1. Estado de Derecho y seguridad, objetivo 8, http://pnd.calderon.presidencia.gob.mx/index.php?page=docu mentos-pdf. p 59. (10 de enero 2014).

Programa Bracero. s/f. Estadísticas del programa de trabajadores temporales agrícolas. http://www.farmworkers.org/numeros.html. (19 de diciembre 2013).

Rodríguez, Jorge y Busso, Gustavo. 2009. Migración interna y desarrollo en América Latina entre 1980 y 2005. Un estudio comparativo con perspectiva regional basado en siete países. Chile: CEPAL.

Rubio, Rodolfo. 2011. La metamorfosis de los flujos migratorios en Ciudad Juárez. En Ires y venires. Movimientos migratorios en la frontera norte de México coordinación de Cirila Quintero y, Rodolfo Piñeiro. México: Colef y Colsan.

Sassen, Saskia. 2014. Territorio y democracia. Ciudad global y la lógica de expulsión. Ponencia en la Universidad Internacional de Andalucía, España. http://ssociologos.com/2013/06/20/saskia-sassen-ciudad-global-y-la-logica-de-expulsion/#. (1 de julio de 2014).

Sassen, Saskia. 1998. Globalization and its Discontents. Essays on the New Mobility of People and Money. Nueva York: The New Press.

Sin fronteras, IAP. 2008. Cambiando perspectivas: de la gestión de flujos hacia la construcción de políticas de migración con enfoque de desarrollo. México: Porrúa.

Sobrino, Jaime. 2010. Migración interna en México durante el siglo XX. México: CONAPO

Velázquez, Ma. Del Socorro. 2012. Desplazamientos forzados: migración e inseguridad en Ciudad Juárez, Chihuahua. Estudios Regionales en Economía, Población y Desarrollo. Cuadernos de Trabajo de la UACJ, 2(7): 1-21.

5
Finalidades de la sustentabilidad ambiental: una búsqueda deseable para el desarrollo en México

"Las grandes amenazas ambientales provienen de las propias acciones humanas. Por eso, el mayor enemigo para la humanidad, como tantas veces he dicho, es el propio hombre. Y sólo en la base de la solidaridad se puede pensar en un futuro que sea ecológica, económica y socialmente sostenible"
Luis M. Jiménez Herrero (2001)

La literatura sobre problemáticas ambientales es amplia; la mayoría son documentos con ciertos esfuerzos profusos que, junto con muchas de sus irremediables consecuencias para la vida en la tierra, van recordando los desatinos y hechos de barbarie ambiental cometidos por la humanidad en casi todas las latitudes y circunstancias sociales, culturales y económicas. Como bien específica Quadri (2012), "la destrucción irreflexiva y trágica del medio ambiente natural es algo antiguo, consustancial a cualquier sociedad que alcance o haya alcanzado una escala o tamaño suficiente como la actualmente estamos vivenciando. Las evidencias históricas[8] de ello provienen desde los tiempos originarios de las civilizaciones humanas desde Europa y el oriente, hasta Oceanía y América y si bien no exoneran a las sociedades industriales modernas, sí las ubican en un continuo de desmanes ambientales".

---

[8] Muchos pueblos y culturas se han colapsado y desaparecido en tiempos históricos, o se han precipitado al caos por haber sido incapaces de manejar de manera sustentable el medio ambiente. El derrumbe de la civilización maya clásica y de otros pueblos precolombinos, de numerosas culturas polinesias, de fallidas colonias escandinavas de países como Haití y de Ruanda y otras naciones africanas, al igual que angustiosas circunstancias de tensión, emigración y violencia en varios países derivadas del agotamiento y destrucción ambiental. El México actual no es ajeno a ello; en los últimos acontecimientos de conflicto, fractura social y pobreza extrema con un trasfondo de sobreexplotación ecológica y escasez de recursos naturales se han hecho cada vez más evidentes, hasta el punto de afirmar que los temas ambientales deben ser parte de las agendas de seguridad nacional (Quadri, 2012:9-10).

El grado de entropía[9] alcanzado por la sociedad global es preocupante. Los gobiernos y las organizaciones mundiales, en su gestión diaria, tratan de establecer un nuevo orden que permita a los países desarrollados seguir por este camino, y a los que no están en él, encontrar el modo para lograrlo. Al mismo tiempo, buscan la manera de resolver pobreza, hambruna, enfermedades, carencia de educación, discriminación, guerras, etcétera. Por si esto no fuera suficiente, a este contexto se incorpora otro ingrediente, irónicamente ignorado por años a pesar de ser el sustento de la vida: el ambiente (Salcedo, San Martín & Barber: 2010)

Y justamente uno de los rasgos de nuestro tiempo es que hay una disociación muy fuerte entre riqueza y prosperidad; una parte de la riqueza contribuye a la prosperidad en términos de salud y de educación y una parte de la riqueza muy grande del mundo no contribuye y corrompe la prosperidad impactando la interacción humana como la posibilidad humana del desarrollo de las personas. Cabe agregar que esto es por la consolidación, expansión y predominio global del sistema neoliberal económico actual, que ha tenido severas fallas y contradicciones, los fenómenos a destacar de este entramado de contradicciones son: el incremento de la marginación y la pobreza, lo que podríamos llamar la crisis de la condición humana (o de la existencia) en las sociedades desarrolladas y más marcado en las sociedades en vías de desarrollo, y la crisis ecológica del planeta (Toledo, 1997).

En general, los economistas ven esto como pequeños errores al modelo económico, cuando en realidad, existe una tendencia hacia el crecimiento, un crecimiento desmedido en una medición en

---

[9] El concepto de "entropía" es equivalente al de "desorden". Así, cuando decimos que aumentó la entropía en un sistema, significa que creció el desorden en ese sistema. Y a la inversa: si en un sistema disminuyó la entropía, significa que disminuyó su desorden. En este caso, se refiere al preocupante desorden y caos provocado sobre los recursos naturales poniendo al planeta en una emergencia ambiental.

términos de cantidad, en términos de mercado y no de la calidad del crecimiento. Las contradicciones al supuesto desarrollo propuesto para las economías mundiales, condicionan a que la marginación y pobreza afectan de manera parcial o sectorial en tanto que provocan la miseria (material o espiritual) de los seres humanos. La primera se refiere a las necesidades básicas materiales (alimentación, salud, educación, vivienda), mientras que la pobreza añade pautas de comportamiento, la edificación de la personalidad u la estructuración de las expectativas percibidas por las cuales el individuo logra la socialización de la existencia (Toledo, 1997). La degradación medioambiental, es por el contrario, es de naturaleza colectiva como tal afecta y sigue afectando cada vez más a diferentes sectores de la sociedad, es decir, será cada vez más una crisis sin fronteras a causa de los modelos de desarrollo imperantes.

El cuestionamiento de los modelos de desarrollo[10] adoptados es cada vez más un imperativo para todos los que desean naciones más justas y con una mejor calidad de vida. El resultado de la inadecuada forma de apropiación de los recursos naturales que el hombre ha utilizado por siglos (el planeta), hoy en día enfrenta un deterioro por demás considerable que pone en riesgo la vida misma.

Y si lo reflexionamos un poco, podemos encontrar que a lo largo de la historia han existido modelos de desarrollo que han pretendido solucionar esta problemática ambiental. Por ejemplo, algunos autores definieron teorías y modelos de desarrollo económico sin considerar el ambiente. Entre ellos se encuentra Raúl Prebisch ideó la industrialización por sustitución de

---

[10] Los modelos de desarrollo deben poner a las personas en el centro de su preocupación, la protección del medio ambiente es vital, pero no es un fin en sí mismo. Al igual que el crecimiento económico no es sino un medio. Los nuevos modelos deben basarse en la apropiación de tecnologías racionales desde el punto de vista ambiental. Se debe dar un incentivo para reflejar el valor correcto del medio ambiente en los procesos decisivos de los mercados y los inversionistas. Finalmente, los modelos de desarrollo deben ser participatorios y basarse en y para la comunidad (Meza, 1993).

importaciones, también conocida como ISI; Celso Furtado trabajó con Prebisch para realizar análisis sobre el subdesarrollo basado en una perspectiva histórica para superar su condición; Gunnary Myrdal, con su trabajo sobre la teoría del dinero y fluctuaciones económicas y Ed Denisson, creador de la teoría de contabilidad nacional o contabilidad del crecimiento, línea cuantitativa del desarrollo. Asimismo, se identifican las teorías de desarrollo económico que sí consideran el ambiente, como el ecodesarrollo, cuyo principal teórico es Ignacy Sachs, y la tendencia denominada "cerista" (crecimiento cero), cuyos impulsores son A. Ehrlich y Donella Meadows (Méndez, 2000:82-84), así como el ambientalismo, representado en México por Enrique Leff (Godínez-Enciso, 1995:5).

Como resultado de los constantes debates sobre el desarrollo económico del planeta, se han articulado procesos de conservación ambiental por un lado, y la pujante y creciente necesidad de modelos de desarrollos acelerados, inmediatos, tajantemente cuestionados por el dilema entre crecimiento económico y la preservación ambiental, en donde claramente se ve reflejada las tendencias de la Revolución Industrial que buscaban: acelerar los procesos productivos y de competencia, marcando al mismo tiempo, la devastación de la tierra y de los seres vivos que en ella habitan.

La problemática anterior, fue abordada con mayor profundidad en la década de los setenta del siglo XX pasado que marca el inicio de una mayor conciencia ambiental (Godínez-Enciso, 1995). Además, por su repercusión política, el tema ambiental adquiere la categoría de problema global. En los 60`s y 70`s del siglo XX fueron las décadas de la conceptualización del desarrollo (cambio de tendencia, de un modo imperante de crecimiento económico para todo el mundo). Se vendió el modelo de ajuste neoliberal, presentándolo como el mejor, sino es que el único, de las alternativas posibles para superar la crisis del crecimiento. Sobre esa base, hemos llegado a aceptar con poca resistencia, la ideología y cultura del industrialismo urbano, de que la ciencia y la tecnología son el único horizonte para el progreso del futuro.

Después de los años setenta se desencadenaron foros y cumbres internacionales con temas ambientales-económicos que aportaron cambios al introducir dentro de las agendas internacionales normas y reglamentos ecológicos que coadyuvaron a resolver las problemas ambientales. En los ochenta y noventa, son y serán las fechas del desarrollo alternativo o el denominado ecodesarrollo, como respuesta al panorama que el medio ambiente daba indicios de destrucción, contaminación del agua y aire, agotamiento de los principales recursos naturales no renovables y erosión de suelos (Schteingart & D´Andrea, 2001).

Ningún tema ha traído tanto interés y compromiso por parte de los gobiernos mundiales como ha sido y sigue siendo, el relacionado con los problemas medioambientales, por la realidad ineludible de que los seres humanos son parte del medio ambiente, y por tal, concierne a todos asegurar la protección ambiental y por las claras muestras de degradación ambiental. Es evidente, que no depende solo de la voluntad y capacidad reflexiva de algunos grupos para hacer frente a la problemática ambiental. De hecho si no se pasa con rapidez hacia una discusión ambiental más integral −de las denuncias a las políticas- es posible que simplemente la opinión pública se esterilice y no tenga gran peso como parece que ya ha sucedido en buena medida. El mensaje pretendido en este artículo no es para fatalizar el deterioro ambiental, pero tampoco es optimista.

Con toda esta problemática planteada, en los umbrales del siglo XXI, nos damos cuenta de que no es exclusivo ni excluyente para ningún país y mucho menos para México[11] la urgencia de una perspectiva sustentable que aborde transversalmente las prácticas políticas y la implementación de las mismas. Desde este punto de vista, este trabajo hará un recorrido sobre las finalidades de la sustentabilidad ambiental, desde el contexto internacional; también reconociendo los vectores del desarrollo sustentable como una ventaja metodológica para definir las políticas de desarrollo sustentable, incorporándolas dependiendo la región, los recursos naturales y las prioridades cada país, para este caso específico, se abordará el vector de sustentabilidad en México en las acciones e integraciones de la política ambiental.

Se busca probar que la inmovilidad y la resignación no son acciones obligadas; se requiere modelos de pensamiento y opciones e instrumentos asequibles de actuación. Es decir, no se habla de borrar el orden económico vigente, o desmantelar a la sociedad liberal-capitalista; ni mucho menos sacrificar las libertades económicas e individuales para afrontar los desafíos de la sustentabilidad. Como bien menciona Quadri (2012) que no se requiere, para establecer ciertos equilibrios básicos entre la sociedad y los ecosistemas del planeta, el pretender desmontar la modernidad y abrazar místicamente a las culturas tradicionales, ni volver a ser buenos salvajes en arcadias bucólicas comunitarias.

Este escrito rescata en aras de la sustentabilidad, la integración de los asuntos ambientales como prioridad en los planes de desarrollo, respaldar la necesidad de seguir la conformación de regulaciones, disposiciones, normas y leyes para hacer frente a la crisis medioambiental, el respeto por los derechos de propiedad, por la conformación de instituciones más fuertes,

---

[11] En donde los procesos de contaminación, devastación y depredación de la tierra son realmente alarmantes, en donde las regulaciones son muy pobres y en donde la conciencia cívica, política y social al parecer es inexistente (Godínez-Enciso, 1995).

generar bienes públicos ambientales y facilitar que sean generados por parte de mercados, con una sociedad informada y activa (a través de los diferentes sistemas de información estadístico y de difusión). Ello sugiere destacar, casos de éxito, por el establecimiento de las políticas ambientales aunque deficientes se sigue trabajando y los posibles retos para un desarrollo sustentable en México.

Antecedentes del modelo de desarrollo sustentable

En este apartado se realiza un recorrido histórico de cómo se ha discutido el deterioro ambiental desde que se planteó la alarma inicial, a finales de la década de los sesenta del siglo XX, hasta el presente. El objetivo es explicar cómo se ha llegado al modelo de desarrollo sustentable, mostrando los planteamientos de las diferentes corrientes ambientalistas anteriores a Brundtland (1987), sus modificaciones y cómo, se ha indo adaptando a los diferentes procesos económicos, sociales y ecológicos para entender y construir el desarrollo.

Es indudable que la discusión en torno a la modificación sustancial de la visión de los problemas del medio ambiente y de sus soluciones, ha girado en torno a cuatro factores: la espectacular explosión demográfica[12], la expansión de la actividad económica[13]; una alarmante degradación[14] paulatina de la naturaleza (como: "el efecto invernadero" y el "cambio climático", la destrucción de la capa de ozono, las lluvias ácidas, etc.); y el cuarto factor: los problemas de la contaminación: del agua, los vertidos de residuos sólidos, la extinción de flora y fauna, la deforestación, etc. Estos han provocado una crisis política, que

---

[12] La población mundial se ha multiplicado por dos en los últimos cuarenta años y seguramente se volverá a duplicar en los próximos cuarenta años (11,000 millones de personas en el año 2015) (Jiménez, 2001:14).
[13] La producción económica se ha multiplicado por cinco desde los años cincuenta y tendría que multiplicarse por siete para, simplemente, aliviar la actual bolsa de pobreza del Tercer Mundo (Jiménez, 2001:14).
[14] Que elimina la idea de infinitud de los recursos naturales, provocando su agotamiento irreversible.

poco tenía que ver con la disminución de la "capacidad de carga" del planeta y su capacidad asimilativa, en este caso, los factores socioeconómicos son los que inciden de forma decisiva en la compleja red de interdependencias ecológicas y económicas mundiales (Jiménez, 2001).

Parte de la crisis antes mencionada ha sido porque el crecimiento económico se ha planteado como vector para la evolución de las economías mundiales con efectos contrapuestos sobre el medio natural. ¿Por qué ocurre así? Existen paradojas. En primer lugar, da lugar a un mayor consumo de materias primas y energía por lo que se generan más residuos agudizando los problemas ambientales. Por otro lado, la "mejoras tecnológicas" y cambios en las preferencias que acompañan al crecimiento económico pueden propiciar que los impactos ambientales puedan resultar imperceptibles por el crecimiento en las economías invisibilizando cualquier daño progresivo. Por ende, el problema reside en cómo se resuelve el conflicto entre las diversas demandas que pueden satisfacer el medio natural o, dicho de otra forma, del tipo de crecimiento económico que tiene lugar en un contexto de escasez relativa.[15]

Los recursos son escasos en términos relativos porque dependen de las preferencias sociales, que pueden evolucionar hasta conductas y consumos ambientalmente más respetuosos; porque en muchos existen otros bienes que pueden funcionar como sustitutivos y satisfacer igualmente las demandas; y porque la capacidad de satisfacer necesidades a partir de los recursos disponibles, varía debido a los avances tecnológicos

---

[15] Es decir, si desconocemos las posibilidades de sustitución, la potencialidad del progreso técnico o los cambios en las preferencias sociales, no podemos afirmar que existen límites absolutos al crecimiento económico, o bien que este crecimiento es incompatible con la conservación de los recursos (Labandeira, León & Vázquez, 2007: 21-22).

1. El Ecodesarrollo en los años sesenta

Según Bifani (1997: 121) el concepto de ecodesarrollo deriva del concepto de ecosistema, que abarca el sistema natural y el contexto sociocultural, y reconoce el fenómeno de diversidad sugiriendo una pluralidad de soluciones a la problemática del desarrollo. Según Leff (1994: 315), el ecodesarrollo viene de la concepción de la economía ambiental que interpreta los problemas ambientales como externalidades del sistema, de donde buscaría integrar lo ambiental al proceso de desarrollo (internalización). En la literatura sobre el tema, las definiciones de ecodesarrollo de Ignacy Sachs son consideradas las de referencia para comprender el concepto. Sachs (1980) definió inicialmente el ecodesarrollo como "un estilo de desarrollo particularmente adaptado a las regiones rurales del Tercer Mundo, fundado en su capacidad natural para la fotosíntesis". Reivindicó una nueva ética de la naturaleza, y estableció los principios de "una solidaridad diacrónica con las generaciones futuras" basada en la conservación de la estructura productiva de los recursos renovables y en la "oposición al despilfarro de los recursos no renovables".

El ecodesarrollo[16] pretende una relación armoniosa entre la sociedad y su medio ambiente natural, pero no elabora una teoría sobre las determinaciones histórico-sociales que explique cómo las estructuras y procesos económicos y políticos conducen a las formas sociales y técnicas de vincularse con el medio y hacer uso de los recursos. Por ello su propuesta no va más lejos de querer introducir criterios ecológicos al funcionamiento del mercado y hacerlo así más "civilizado", mediante una ecuación política de equilibrio de poder entre Estado, empresas y sociedad civil (Folarodi &Pierri Naina, 2005:50).

---

[16] "Las estrategias del ecodesarrollo plantean la descentralización de los procesos productivos acordes con las condiciones ecológicas y geográficas de cada región, incorporando las identidades étnicas y los valores culturales de las comunidades en la definición de sus proyectos de desarrollo y estilo de vida. Ello implica revalorizar el papel que juega la diversidad étnica y los valores culturales en las prácticas de uso de los recursos naturales" (Leff & Carabias, 1993:42).

Desafortunadamente, el ecodesarrollo tuvo un impacto leve en el sistema internacional pues presentaba ciertas particularidades. Estos elementos se caracterizaban en el ámbito político por una limitada aportación financiera que permita detener los graves problemas de deterioro ambiental que enfrentan los ecosistemas nacionales, aunado a esto el ecodesarrollo contemplaba un desarrollo regional mas no como un proyecto que trascendiera fronteras, es decir, que cada modelo debía seguir lineamientos de progreso más favorables para la región y sus habitantes (Recio, 2010:8).

Años después el responsable de la diplomacia de Estados Unidos envió un telegrama al presidente del Programa para el Medio Ambiente de las Naciones Unidas, manifestando su desacuerdo con el termino en cuestión, lo que propicio el veto de la palabra ecodesarrollo, término que años más tarde sería sustituido por la expresión desarrollo sustentable, aceptada más universalmente, quizás por su similitud con otra conocida en los medios económicos, que era el desarrollo autosostenido (Naredo, 1998 citado en López 2009)

En resumen, podemos llegar a decir que el ecodesarrollo formulaba un concepto global pero que busca una aplicación regional, en donde la sociedad civil, gobierno y sector privado tienen la responsabilidad de resguardar la naturaleza y las distintas agrupaciones que dependen de la biodiversidad. Sin embargo, el concepto de ecodesarrollo fue sólo la parte inicial de todo un movimiento ambientalista, en donde, posteriormente surgirían propuestas similares que atendieran tanto a los aspectos medioambientales como al desarrollo socio-cultural.

1.2 Revolución en la visión ambiental mundial: años setenta del siglo XX

La falta de respuesta y el escaso o nulo tratamiento dado al tema ambiental de la teoría económica clásica y neoclásica motivaron, en particular en el decenio del setenta, a cuestionar estas teorías por parte de unos y a plantear algunas complementaciones y modificaciones por parte de otros. Los estudios se centraron en tratar de objetar, desde el punto de vista ambiental, los postulados sobre las bondades del mercado como organizador de una economía eficiente y, como una herramienta de percepción de los problemas ambientales (Friedman, 1976; Ruff, 1970 citado en Gligo 2001). Estas críticas llevaron a ciertas conclusiones básicas para los esfuerzos de incorporación de la dimensión ambiental en la planificación y gestión del desarrollo.[17]

Toda la literatura reconoce la Conferencia Mundial sobre el Medio Humano, que se llevó acabó en Estocolmo (Suecia) en 1972, con representantes de 113 países, como un antes y un después en la problemática política del tema. El principal propósito era promover una guía para la instrumentación de leyes y nuevas agendas "[...] proteger y mejorar el medio humano y remediar y prevenir sus desigualdades, por medio de la cooperación internacional, teniendo en cuenta la importancia particular de permitir a los países en desarrollo evitar la ocurrencia de tales problemas" (ONU, 1977).

De aquí se jerarquizó la creación del Programa para las Naciones Unidas para el Medio Ambiente (PNUMA). De esta década se rescata la alarma ambiental que cae en el planeta que se caracterizaba ya con fuertes desigualdades y por intereses en conflicto. El énfasis de la conferencia estaba dado por los países desarrollados y estaba puesto en los problemas de contaminación

---

[17] Se concluyó que el óptimo paretiano que plantean los neoclásicos no necesariamente se iguala con el óptimo ambiental, cuestión básica para entender la racionalidad que aplican en el uso de los recursos quienes toman las decisiones (Georgescu-Roegen, 1975 citado en Gligo: 2001).

causada por la acelerada industrialización y urbanización, y en el agotamiento de los recursos naturales, el que adjudicaban totalmente al crecimiento poblacional. Teniendo por primera vez, la resistencia de los países pobres[18] a quienes se les culpaba de su desmedido crecimiento de población quienes argumentaron que los problemas ambientales provenían de los países ricos, derivados de sus excesos de producción y consumo.

Es claro que la visión predominante en la formulación inicial de la crisis ambiental era ecocentrista, es decir, determinada por el aporte de biólogos y e ecólogos, para los cuales la crisis ambiental es porque no se ha considerado a los recursos como limitados. A partir de eso se coloca el problema como contradicción absoluta entre sociedad y naturaleza, entre economía y ecología, entre crecimiento y conservación (aspectos que se ahondaran en el punto 4). Esto no podía seguir sin resolverse, por eso se actuó para que en los años ochenta se logrará una perspectiva más humana.

1.3 Los años ochenta el cambio de perspectiva económica a la humanista: Informe de Brundtland

La Comisión Mundial sobre Medio Ambiente y desarrollo (CMMAD) fue creada encías de la destrucción ambiental 1983, de su trabajo surgió el documento en 1987 conocido como nuestro futuro común. Brundtland parte de la idea central de que "medio ambiente y desarrollo no constituyen desafíos separados; el desarrollo no se mantiene si la base de los recursos se deteriora, el medio ambiente no puede ser protegido si el crecimiento no toma en cuenta las consecuencias de la destrucción ambiental". (Pierri, 2005: 60).

---

[18] Los países del Tercer Mundo, entendían que el verdadero problema que había que atender de forma inmediata era que dos tercios de la humanidad estaba dominada por la pobreza, malnutrición, enfermedades y miseria y que eso pasaba a priorizar el desarrollo, de donde la filosofía del "no crecimiento" era absolutamente inaceptable. Pasaron a indicar que se reconociera que su problema "ambiental" principal era la pobreza (Pierri, 2005: 37).

Esta comisión se aleja del ecocentrismo, que veía al desarrollo como causa principal del deterioro ambiental, y adopta una clara óptica antropocentrista, es decir, evitar que el deterioro límite el desarrollo, se busca el modo de como el daño ecológico puede impedir o revertir el desarrollo económico. La búsqueda de un desarrollo sustentable es para buscar que "la humanidad sea capaz de volver sustentable el desarrollo, de garantizar que él atienda las necesidades del presente sin comprometer la capacidad de las generaciones futuras de atender también la suyas"

Aunque en realidad dicho concepto evoca viejas polémicas de la disciplina económica tales como las referidas entre otras:

- Al crecimiento económico y la distribución del ingreso.

- A las externalidades y su internalización pigouviana

- A la internalización de los costos sociales y de transacción a la Coase.

- Al desarrollo económico nacional y sus desequilibrios regionales y sectoriales.

- A los límites del crecimiento y sus costos económicos, sociales y ambientales.

Lélé (1991) planea que hay una serie de errores e insuficiencias en los conceptos y razonamientos de lo que llama el "movimiento del desarrollo sustentable". Cuestiona la forma en que se articulan crecimiento, pobreza, sustentabilidad y participación. Debido a que, crecimiento y sustentabilidad no son excluyentes, pero eso no implica que el primero favorezca al segundo, lo que por lógica, operativamente el objetivo de operativizar el desarrollo sustentable se ve mermado. Luego con relación al crecimiento-pobreza sucede otro problema (el primero no garantiza la remoción de la segunda), por lo que tampoco este objetivo puede ser operativo totalmente. En cuanto al concepto de sustentabilidad, no responde preguntas fundamentales como qué deber ser sustentado, para quiénes y cuánto tiempo, quedándose en una definición superficial que convoca amplios consensos por soslayar los intereses diferentes que responderían esas preguntas de manera diferente (Lélé, 1991: 614-616).

Pero dentro de estás inconsistencias, se destaca que la cuestión ambiental en la que la Brundtland hizo un gran cambio, fue en la comprensión de la dimensión del problema y la amenazas que ocasionaban los conflictos socioambientales y sus grandes costos humanos y financieros. Luego de precisar que la pobreza y la desigualdad no son objetivos en sí, sino medios para la sustentabilidad, logrables dentro del sistema de mercado, sin embargo hasta el momento estos objetivos sigan quedando en el discurso en muchos países, como México.

2. Relación hombre-naturaleza: los problemas ambientales de este binomio mal comprendido

Para comenzar, está reflexión, es necesario establecer la forma en la que el ser humano se relaciona con el medio ambiente, es decir, el hombre y la naturaleza. Ambos agentes se han vinculado de una forma contradictoria. Por un lado, han venido destruyendo para sobrevivir, y por otro, han estado reproduciendo o garantizando la reproducción de seres vivos (agricultura, ganadería, zonas de prohibición de caza, etc.) caza, pesca, etc.), con el propósito de "vivir mejor" a conciencia sobre la necesidad humana[19] que siempre ha estado presente (Tommasino, Foladori

---

[19] Se ha creído tradicionalmente, que las necesidades humanas tienden a ser infinitas, que están cambiando constantemente; que varían de una cultura a otra, y que son diferentes en cada período histórico. Sin embargo tales suposiciones son incorrectas. El mismo modo, la educación (ya sea formal o informal), el estudio, la investigación, la estimulación precoz y la meditación son satisfactores de la necesidad de entendimiento. Los sistemas curativos, la prevención y los esquemas de salud, en general, son satisfactores de la necesidad de protección (Meza, 1993:13-15).

& Taks, 2005: 9). La historia ambiental del mundo, muestra como las sociedades menos desarrolladas tecnológicamente sufrieron de crisis ambientales, en la mayoría de los casos por depredar recursos naturales hasta su extinción (Crosby, 1988; Ponting, 1992).

Las necesidades humanas fundamentales son finitas, pocas y clasificables, son las mismas en todas las culturas y en todos los períodos históricos. Lo que cambia es la manera, los medios y los niveles de intensidad para la satisfacción de las necesidades. Se confunde fácilmente la necesidad con un satisfactor. Un satisfactor puede contribuir simultáneamente a la satisfacción de diversas necesidades o, a la inversa, una necesidad puede requerir de diversos satisfactores para ser satisfecha. Por ejemplo, alimentación y abrigo no deben considerarse como necesidades, sino como satisfactores de la necesidad fundamental de subsistencia.

Las evidentes destrucciones de la flora y fauna es sólo la manifestación de las transformaciones, que, desde los homínidos antecesores del *Homo Sapiens,* se venían provocando a los ecosistemas. Aunque, las especies no humanas[20] están sujetas a la posibilidad de depredar o degradar elementos vitales para su reproducción. Lo que hace diferente a la especie humana, no es, entonces, ni el efecto degradante sobre el medio ambiente, ni la transformación de ese ambiente para sobrevivir. Es en efecto, el hombre quien transforma el medio ambiente externo usando instrumentos, que a diferencia de los utilizados por otras especies, son acumulados de generación en generación. De ahí deriva que los factores y relaciones de producción establezcan clases y grupos

---

[20] La mayoría de la especies no cuentan con un sistema de autorregulación según las condiciones del medio en que se encuentran. Y también, algunas especies reproducen instintivamente otros seres vivos, que son fuente de sustento, como los hongos criados por hormigas para alimentarse. Y muchas utilizan instrumentos para transformar el medio ambiente a sus necesidades, como las represas que construyen castores (Tommasino *et al.,* 2005:10).

o sectores a cada etapa de la historia de la humanidad, condicionando la forma como se modifica el ambiente externo.

Se considera pertinente esclarecer ¿qué se puede considerar como problema ambiental? Primero, no es ni debe basarse, solamente en la utilización de recursos naturales y en la generación de residuos. Segundo, que la preocupación debe surgir cuando esos recursos son utilizados a un ritmo mayor a las capacidades de la naturaleza para subsanarlos/reproducirlos; o cuando los desechos son generados a un ritmo también mayor a la capacidad de absorción de la naturaleza. Los problemas ambientales surgen de una contradicción entre el ritmo de ciclos biogeoquímicos, y el ritmo de los ciclos de producción humana, para un nivel determinado de desarrollo de las fuerzas productivas (Tommasino et. al, 2005: 11). La figura 1 ilustra esa contradicción y muestra cómo todos los problemas pueden ser reducidos a dos grandes grupos: depredación y contaminación

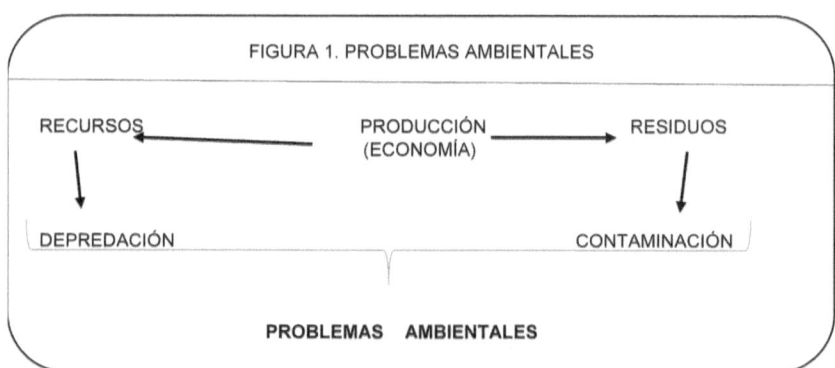

Fuente: Tommasino, Folarodi & Taks, 2005

Se debe poner clara atención a las problemáticas ambientales teniendo en el centro a la economía, que no habrá mayor cambio a las condiciones actuales de depredación y poniendo al límite los recursos naturales. En el siguiente apartado se desarrollará esta concepción irracional sobre la integración del problema ambiental con el aspecto económico.

2.1 La integración de las problemáticas ambientales al ámbito económico: la irracionalidad

Se debe tomar en cuenta que cierto nivel de degradación ambiental es consecuencia inevitable de la actividad humana. Cualquier tipo de explotación de los recursos no renovables lleva de un modo inevitable a su agotamiento total, así como a la degradación del paisaje y a la generación de desechos. Desde esta perspectiva, Panayotou (1994) identifica cómo se integran los recursos naturales al ámbito económico y precisa la importancia de tener presentes tres dimensiones[21]: la cantidad, calidad y diversidad.

Los procesos de industrialización dan lugar a un mayor consumo de energía y minerales, y a la generación de contaminantes del aire y del agua, además de la contaminación causada por el ruido, y a desechos peligrosos. El aumento de la productividad mediante la expansión de área cultivada que conduce a la deforestación, al cultivo de tierras marginales y a la erosión del suelo; mientras que el incremento del agro, es decir, la productividad por medio del aumento de la cantidad de capital y mano de obra, que provoca la diseminación de plaguicidas y

---

[21] El ambiente es un determinante crítico de la cantidad la calidad y la sustentabilidad de las actividades humanas y de la vida en general. Los problemas ecológicos tienen una dimensión de cantidad y otra de calidad. Los problemas relacionados con el agua, por ejemplo, incluyen la escasez de ésta y el deterioro de su calidad, a causa de la depredación y la contaminación. La diversidad también tiene un valor. El aumento de la oferta de un recurso o ecosistema, a expensas de otro, puede ser benéfica hasta cierto punto, pero cuando a un recurso cualquiera se le lleva a la extinción o el agotamiento, hay una pérdida de diversidad y con eso acaban también una opción de desarrollo y uno de los elementos de la calidad de vida (Panayotou, 1994).

fertilizantes, el anegamiento y la salinidad del suelo (Panayotou, 1994: 26-27).

De forma más precisa, Pearce (1975) argumenta los excesos humanos sobre el medio ambiente de la siguiente manera:

"la sobreutilización de los recursos naturales es el resultado de dos causas: la utilización abusiva, en muchos casos, de los recursos naturales sin reparar en el carácter de no renovabilidad de los mismos; la segunda causa es la valoración a través de los precios de mercado no es significativa porque no recoge las características innatas de tales recursos (si son renovables o no, reciclables, etc.) ni el agotamiento que se genera a medida que bacterias existente en los sigamos usándolos" (Pearce, 1975).

La cuestión ambiental no se trata de cómo prevenir o eliminar por completo la degradación y contaminación de los recursos naturales, sino cómo reducirla al mínimo o, por lo menos mantenerlos en un nivel que sea congruente con los objetivos del desarrollo de la sociedad, con la productividad y buscando la sustentabilidad para otros posibles usos de los recursos naturales con el debido margen de error.

Ante cualquier efecto colateral va a ser pagado por las personas que lo ocasionan, el efecto de "quien contamina paga". Modelo que ha demostrado su poca eficiencia, debido a que el problema es que quienes toman las decisiones sólo suelen considerar los beneficios inmediatos de la conversión de un bosque, por mencionar un ejemplo, no los costos a largo plazo. Peor aún, si se pagara por talar bosques, se convierten en páramos a cambio de muy poco beneficio actual y con un enorme costo presente y futuro.

Con frecuencia la prevención es más eficaz, en términos de costos, que la rehabilitación. Una vez que se produce el deterioro ambiental excesivo ya no se considera viable aplicar la prevención para reducirla al nivel que habría sido óptimo, pues en términos económicos, los costos son más elevados, la efectividad es más baja y los intereses creados son más fuertes. La idea de suprimir la contaminación al 100% no sólo es difícil desde el punto de vista técnico, e inconcebible en términos de economía, sino también el nivel de reducción económicamente óptimo da lugar, en forma inevitable, a un grado más alto de contaminación del que habríamos podido desear (Panayotou, 1994).

El proceso de asignar un valor monetario a las consecuencias de la degradación ambiental incluye usualmente un proceso de tres pasos:

- Cuantificar la degradación ambiental (por ejemplo, por medio del monitoreo de la calidad del aire ambiental, la calidad del agua y la contaminación del suelo)

- Cuantificar las consecuencias de la degradación (como la reducción en la productividad del suelo, densidad y crecimiento de los bosques, actividades recreativas basadas en recursos naturales, demanda de turismo e impacto de la contaminación del aire en la salud).

- Asignar un valor monetario a estas consecuencias (Morgenstern, 2009)

Aunque claro, esa postura de asignación de valor monetario aboga por las manifestaciones económicas sobre el cuidado ambiental, las cuales plantean un escenario inconcebible y prácticamente imposible. Cuando se ha demostrado la necesidad de un cambio racional sobre los principios rectores del crecimiento y desarrollo económico planetario y las deficientes políticas ambientales que han logrado un resultado real.

Distinto a esta perspectiva económica, encontramos posturas que motivan a un cambio de racionalidad sobre el ambiente y la relación con el hombre. De acuerdo con Figueroa (2000) a los procesos, acciones y políticas ambientales conviene denominarlos como un acto de irracionalidad, aunado al poder ilimitado de las empresas y de los medios de comunicación que coadyuvan para generar apetitos comerciales de los bienes de consumo sin que exista necesariamente una oferta real y efectiva de los mismos (algunos lo mencionan como estrategia de mercado). Podríamos suponer que el equilibrio entre la oferta y la demanda efectivas lo aporta el despliegue comercial de dichos medios, manejando el mercado desde fuera del ámbito de la producción y la distribución de los bienes y servicios, específicamente en el consumo final de los hogares y de las empresas (Figueroa, 2000, pág. 195). En esta lógica, Figueroa distingue tres formas de irracionalidad ambiental-económica:

- Irracional, sería la palabra adecuada para describir el desbordamiento acelerado de la humanidad, que ha superado con creces su capacidad de crecimiento. Viene a tomar fuerza el concepto de límite en el aparente equilibrio que la economía ha buscado entre la naturaleza y los sistemas de producción.

- Irracional, se dice del potencial tecnológico que la producción en gran escala ha presentado en pro de la satisfacción de las necesidades de consumo ficticias, y en última instancia, reales.

- Irracional, ha sido siempre la destrucción casi irreparable de un sinnúmero de bosques, lagos y lagunas, mantos acuíferos, etcétera, que siendo las partes más importantes del capital productivo están destinados a desaparecer de la faz de la tierra (Figueroa, 2000:195).

En las tres visiones de irracionalidad resalta un elemento transversal, el aspecto de la finitud ambiental, la concepción del límite. Es importante preguntarnos ¿Por qué tiene un significado preponderante? Límite es una palabra que los economistas hacen el máximo esfuerzo para alejarlo, porque el sistema[22] de razonamiento de los economistas es un sistema donde están los hogares, donde están las empresas y donde hay un flujo de ingresos y riqueza entre hogares y las empresas.

Tiene sentido aplicar las externalidades[23] a las empresas, porque les lanza una señal a ellas y también a los consumidores, debido a que muchos de los bienes que entran en las actividades – de las que dependemos- estos bienes no son gratuitos. Y esos bienes no pueden seguir siendo explotados y deteriorados sin alguna retribución o enmienda del impacto. No obstante, esta medida no es ni la mejor ni la única para el desarrollo sustentable.

Aunque no sería suficiente, ponerle precio al medio ambiente no sólo trata de incorporar al sistema de precios los costos de la prevención o externalidades, sino el precisar las finalidades para lo que se produce, invierte, transforma y se haga uso extractivo de y sobre el medio ambiente. Lo que da respuesta a lo anterior, son los límites a los que el crecimiento debe someterse, donde existen dos maneras de enfrentarlos que tienen que combinarse. La primera es que los límites exigen una revisión de lo que consumimos (la cantidad, los medios de producción, las condiciones de uso de suelo, etc.). La segunda es que los límites

---

[22] Visión que actualmente se sigue enseñando y reproduciendo en las escuelas de economía.

[23] Término que se maneja para introducir en el sistema de precios para que el medio ambiente tenga un valor y se empiecen a integrar al mercado. Así las empresas comiencen a integrar en sus sistemas de costos, los costos de la prevención ambiental (costos ambientales). Aunque actualmente ese concepto ya no es suficiente, pero sigue siendo importante. De acuerdo con Abramovay (2013) las externalidades pueden ejemplificarse de la siguiente manera: si las empresas tuvieran que pagar por tres servicios que utilizan, el espacio carbono, es decir, la atmósfera, como el espacio donde puedes emitir gases de efecto invernadero, es un bien público que pertenece a toda la humanidad, la naturaleza en general. Donde lanzamos y depositamos libremente, donde si pagará por eso, pagaría también por el agua que utiliza (que no lo hace) y por la basura que produce. Si las empresas pagarán sólo por estos tres factores de cada dólar de beneficio de lucro de la economía global tendrían que ser extraídos 41 centavos, sería una revolución en los valores de la economía global. Así que si tiene sentido incorporar al sistema de precios las externalidades.

deben ser afrontados con innovación (tecnológica, de pensamiento, de enfoque y de vida), que nos conduzca a obtener las utilidades que necesitamos de los bienes pero considerando la utilización de menos recursos, menos energía, menos recursos bióticos y más utilidad social (Abramovay, 2013)

Con estos escenarios, de diferentes posturas de irracionalidad, ha sido necesario emprender una labor consciente y precisa de quienes estamos convencidos de reconocer la necesidad y otorgar el grado justo de sustentabilidad al desarrollo económico y humano. Según vemos, es y ha sido necesario colocar a la economía al servicio del desarrollo y no viceversa. Para poder concebir la irracionalidad, las finalidades, las externalidades y las utilidades sociales, cabe hacer un análisis sobre lo que es propiamente el desarrollo, resaltando la implementación del vector de sustentabilidad dentro de las políticas internacionales. Ante esta inquietud, este caso será desarrollado en el siguiente apartado.

3. Conceptualización y vectores del desarrollo sustentable

3.1 ¿Qué es el desarrollo?

La Organización de las Naciones Unidas define el desarrollo como el mejoramiento sustancial de las condiciones sociales y materiales de los pueblos bajo el marco de respeto de sus valores culturales. Lo que se entiende por estilo de desarrollo son los aspectos más permanentes y estructurales de la política económica de un país a mediano y largo plazo. Por tanto se conforman modelos de desarrollo como la forma en que una sociedad utiliza sus recursos y los intercambia con otras sociedades, para responder a los cambios y procesos de cambios estructurales y lograr sus objetivos y distribuir los resultados de su actividad productiva.

El desarrollo es una palabra que implica un compromiso de cambio, de mejoras deseables en la sociedad. El desarrollo es también, algo más que un proceso puramente cuantitativo. Las concepciones más aceptadas sobre el proceso de desarrollo lo han visto como la acumulación de cosas materiales que nos permite vivir y reproducirnos como individuos, como colectivos, etcétera. Es una visión equivocada de desarrollo. Es por ello que deben posicionarse las diferentes definiciones del desarrollo, como a continuación se propone:

- Es un mejoramiento cualitativo de vida de la población.

- El desarrollo implica una transformación progresiva de la economía y de la sociedad, de acuerdo con la posición de la Comisión de Brundtland 1987 (Meza, 1993)

- La excesiva importancia del Producto Interno Bruto (PIB) oscurece los obstáculos estructurales para el desarrollo que quedan en muchos países subdesarrollados;

La visión que encuentro más precisa acerca del desarrollo es denominarlo como *el proceso permanente de expansión de las libertades sustantivas de los seres humanos*. Primero desarrollo es un proceso porque involucra la creatividad y la riqueza de las cosas, no es un medio es una finalidad. En esta definición precisa la importancia de un concepto que ha sido alejado por la modernidad en la economía[24], el tema de las finalidades.

Existe una escuela de pensamiento muy importante hoy, donde la ética está al interior de la economía, esto no quiere decir

---

[24] La separación entre economía y ética fue muy importante en la edad moderna, por ejemplo, es la base de la idea de que las personas toman decisiones racionales y que son autónomas en su decisión. Justamente la ciencia económica tiene como fundamento esto, que los individuos racionales son capaces de tomar decisiones pero el sistema como todo no tiene cualquier finalidad. Entonces ¿Cuál es la finalidad del sistema económico? Para lo que se enseña en las facultades de economía, manuales y libros. Para una mayor profundización en este debate revisar Ricardo Abramovay (2013).

que la gente que estudia la economía, que las empresas o la gente que hace economía no sea ético en el sentido común del tema, es decir que no sean honestos en su trabajo. Ética es el ramo de la filosofía es la que se ocupa de las finalidades, entonces la pregunta central, no es simplemente ¿Cómo le hacemos para obtener más bienes? Sino ¿qué vamos a hacer con estos bienes? ¿Cuáles son las finalidades? (Abramovay, 2013) Las respuestas pueden encontrar un solo sentido, el sistema no tiene otra finalidad que no sea mantenerse, reproducirse y crecer. Los individuos pueden tener finalidades, no el sistema.

Es realmente difícil que un sistema tenga finalidades, el riesgo es que sea un sistema autoritario, donde el Estado se impone y la intención es no sólo incluir al Estado, existen muchos otros actores que serán abordados más adelante. El autor Abramovay afirma que la esperanza hacia al salto cualitativo de la economía, es implementar el modelo de desarrollo sustentable, porque justamente esta incorporación de la ética a las decisiones económicas, hace que el Estado y la sociedad participen en la creación de los objetivos y estrategias.

La economía debe ser dinámica e innovadora pero no puede ser más una disciplina donde las finalidades estén fuera del principal objetivo: el bien común.

3.2 Vectores del desarrollo sustentable: ventaja metodológica en las políticas ambientales.

Como hemos analizado en apartados anteriores, el crecimiento exponencial de la población, el uso de recursos excesivos y la grave contaminación y degradación ambiental muestran cómo las sociedades están en condiciones de alterar y destruir los sistemas sustentadores de la vida en la Tierra. La evidencia clara de ello (reconocida por especialistas y estudiosos) es que en diversas partes del planeta se ha sobrepasado con mucho su capacidad sustentadora: la posibilidad de atender, dentro de los límites reconocidos, el bienestar y las necesidades de las generaciones presentes y futuras

El desarrollo al que se aspira, requiere ahora llevar "sustentable" como apellido. Ello significa un soporte importante para nuevos esfuerzos y una visión de futuro más acorde con las realidades actuales, e implica una serie de reconocimientos implícitos y ampliaciones al concepto de desarrollo. Al incorporarse el criterio de sustentabilidad se están incorporando dimensiones tanto económicas como sociales y ambientales del desarrollo. El carácter de sustentable adscrito en nuestros días a los requerimientos del desarrollo se ha convertido en un asunto de amplio consenso (Muñoz, 2000).

Sin embargo, es posible utilizar vectores de desarrollo como los propuestos por Pearce et al. (1990) donde la función del vector sea maximizar una serie de objetivos sociales:

- Incremento en ingresos reales per cápita.

- Mejoras en salud y nivel nutricional.

- Mayor nivel educacional.

- Acceso a recursos.

- Equitativa distribución del ingreso.

- Incremento en libertades básicas.

En función a la posición socioeconómica relativa de cada país, la importancia de estos atributos puede variar en peso. La decisión de los componentes del vector debe partir de una discusión ética, técnica y también económica; sin que esta última sea siempre la decisiva.

Se requiere entonces implicar al desarrollo sustentable no como un concepto de eficiencia en el uso de los recursos sino también de equidad, con una doble implicación en este sentido, para ello se presentan las dos posturas de la base metodológica de la sustentabilidad ambiental en el desarrollo (Labandeira et al., 2007: 27):

- Equidad intrageneracional. La satisfacción de las necesidades de la generación actual es premisa imprescindible para alcanzar el desarrollo sustentable global, independientemente de la localización geográfica. Ello requiere solución a los problemas de pobreza en los países en vías de desarrollo y, por tanto, la redistribución geográfica de la riqueza y el progreso.

- Equidad intergeneracional. El desarrollo sustentable es un concepto dinámico y, por ello, el legado de recursos para la siguiente generación ha de ser, al menos, igual que el disponible para la generación actual. Esta segunda cuestión nos conduce a reflexionar sobre el horizonte temporal que se tiene en cuenta.

Finalmente, lo sustancial no es acertar con la definición adecuado de desarrollo sustentable sino establecer las condiciones necesarias para alcanzar los vectores metodológicos propuestos para alcanzar los objetivos deseables, y crear índices e indicadores adecuados para analizar la evolución de las pautas de desarrollo con la sustentabilidad.

3.3 Finalidades de la sustentabilidad ambiental[25]

Se requiere someter a discusión la inviabilidad de confrontar la racionalidad económica con la ecológica, criticando aquellos enfoques que privilegian la productividad del corto plazo vs la de largo plazo. La racionalidad económica opuesta a la racionalidad económica representa un verdadero boomerang contra sus propios

---

[25] La sustentabilidad se refiere al uso de los recursos naturales de acuerdo con su ritmo de renovación, tomando en consideración el uso de los recursos agotables a su ritmo de sustitución manteniendo la diversidad biológica (Meza, 1993, pág. 6).

principios y postulados, ya que mina las bases naturales para el ulterior desarrollo económico (Saldívar, 1998:23).

Se enfatiza en este trabajo que el crecimiento económico es parte del problema del medio ambiente y sólo puede ser parte de la solución si éste se vincula e incorpora al concepto de sustentabilidad. De acuerdo con Américo Saldívar (1998) la solución es implementar el nuevo enfoque de sustentabilidad siguiendo las tres dimensiones que lo determinan, de menor a mayor rango de importancia en sentido amplio, que refieren a:

1) En sentido estrecho, lo humano;

2) En sentido amplio, a la calidad de vida y bienestar, y,

3) En un sentido más integral, a la biosfera y los ecosistemas.

Es preciso advertir que si no garantizamos la centralidad de lo ambiental en el análisis y en las políticas públicas (obviamente ambientales y de sustentabilidad) se perdería el rigor intelectual y la eficacia. Estar alerta de que en ocasiones se utiliza el concepto desarrollo sustentable sólo como etiqueta sugerente para discusiones e iniciativas que pertenecen a otras esferas políticas o ideológicas que poco tienen que ver con el medio ambiente, y que aun pudiendo ser válidas deben ser abordada con medios propios y fines explícitos (Quadri, 2012). La incorporación de la dimensión ambiental introduce el factor tiempo en la toma de decisiones (corto, mediano y largo plazo).

El actual enfoque del desarrollo sustentable[26] de la mayoría de los gobiernos en el mundo es simplista, se habla en su nombre, se

---

[26] El concepto tradicional de *desarrollo sustentable*, siempre se mantuvo como eje ideático la necesidad de preservar para las generaciones futuras el entorno natural. Dado que el momento en que se acuña dicho concepto, pareciera ser que las condiciones suficientes para hablar de una catástrofe ecológica en que nos encontramos en estos días, nos permite pensar que el concepto que habíamos manejado sobre el desarrollo sustentable, ha perdido su vigencia (Figueroa, 2000:196).

"incluye" en las agendas con un discurso en extremo normativo, pero sumamente irreal, que por absolutizarse produce el efecto contrario, una mayor insustentabilidad. Es decir, no puede hablarse de sustentabilidad en una sociedad cuando la riqueza de un sector se logra a costa de la pobreza de otros, cuando se destruyen y terminan los bienes de la naturaleza o cuando el hombre ejerce diferentes mecanismo de explotación, violencia y marginación en contra de sectores más vulnerables.

Sin duda la sustentabilidad del desarrollo será y es una de las preocupaciones centrales de la humanidad. No es sólo un simple tema de actualidad o mucho menos porque este en boga, es importante porque atañe a todos, particularmente a los grupos sociales afectados por desequilibrios socioeconómicos y ambientales, provocados ya sea por ausencia de políticas económicas, sociales y ambientales, o bien por políticas equivocadas. Para una definición más precisa de la sustentabilidad, Gligo (2001) describe lo siguiente:

"La sustentabilidad[27] debe entenderse como un cambio valórico en que nuestros fines de desarrollo se identifiquen con las necesidades fundamentales del ser humano, forjar el sentido de solidaridad y corresponsabilidad con y para el medio ambiente, este sentido de solidaridad deberá desarrollarse e incrementar sus impactos sobre las conciencias individuales en función de las necesidades propias de los seres humanos, buscar erradicar la miseria y la pobreza, cuyos factores se presentan como las causas fundamentales de la insustentabilidad ambiental" (Gligo, 2001:24).

---

[27] A veces se usan indistintamente conceptos como sostenible y sustentable aunque sus significados sean distintos. Sostenible viene de sostener y sustentable de sustentar, las cosas se sostienen desde afuera y la sustentabilidad desde adentro; en forma autónoma. Lo que más interesa es hacer sustentable a la sociedad, con el soporte necesario del desarrollo.

El reconocimiento a los límites del medio ambiente con respecto a las prácticas de insustentabilidad supone desarrollar un enfoque integral que permita integrar las condiciones básicas para llevar adelante la sustentabilidad, es decir, una sociedad requiere apoyarse de las dimensiones que el desarrollo sustentable propone: dimensión económica, social, ecológica y política. Implica reconocer que la problemática ambiental es multi e interdisciplinaria integrando cuestiones socioeconómicas que tienen que ver con un desarrollo ecológicamente sustentable, socialmente justo, equilibrado y económicamente sostenible. Es decir, un desarrollo sustentable como alternativa al desgastado (pero no difuminado) desarrollo económico, comprometiéndose con la calidad de vida y preservación de los recursos naturales para las generaciones futuras.

Las redes de sustentabilidad[28] deben tener como finalidad ofrecer una imagen gráfica e intuitiva del desarrollo sustentable teniendo como telón de fondo, los problemas ambientales que por lo regular son siempre problemas de escasez asociados y/o derivados de la producción y del consumo; de la asignación que las sociedades hacen de los recursos disponibles. Cada nudo de la red de sustentabilidad debe tener presente (como se presenta en la figura 2) que existen límites o umbrales en la alteración o explotación de los ecosistemas, sistemas biofísicos o recursos naturales. Como quiera que se construyan estos umbrales o límites, dependerán de cómo se constituyan las instituciones a partir de un conjunto más o

---

[28] En palabras de Quadri (2012), dentro de la *red de sustentabilidad*, se debe entender al medio ambiente con una gran cantidad de factores, condiciones y procesos biológicos y ecológicos, físicos y paisajísticos. Estos, deben tener su propia estructura y dinámica natral, son afectados y se entrelazan con conductas humanas que los influencian o determinan. Así, se trenzan y anulan muchísimos hilos ambientales, económicos, políticos, sociales y culturales, que en conjunto entretejen una inmensa red que literalmente sostiene a la economía y a la sociedad. De la integridad de la red, depende que sean sustentables a largo plazo.

menos amplio de instrumentos de política (regulaciones, derechos de propiedad, iniciativas y acciones colectivas, instrumentos económicos, etc.) (Quadri, 2012).

Figura 2. Finalidades de la sustentabilidad y las redes de interacción entre los diferentes sistemas

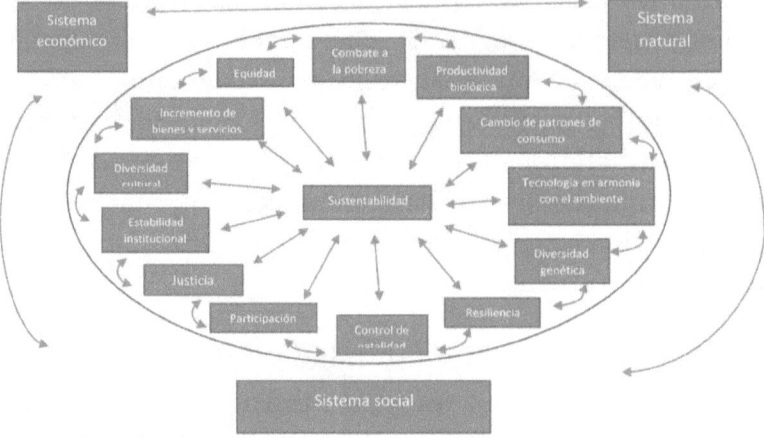

Fuente: adaptado de Saldívar (1998)

Aún con las finalidades y redes de la sustentabilidad antes expuestos, no se ha comprendido de manera adecuada el que no solamente la gente depende de los ecosistemas, sino el propio crecimiento depende de la sustentabilidad, es decir, la contaminación y la agotabilidad (límite) de los recursos afecta a todos. Se reconocen los indudables avances en términos tanto de la preocupación social como de la protección de la naturaleza, las consecuencias para los ecosistemas y la sobrevivencia humana son imprevisibles.

4. México y la búsqueda deseable de un desarrollo sustentable

4.1 Criterios periódicos del desenvolvimiento de desarrollo económico ambiental en México (1940-2000). Con pocas acciones de sustentabilidad ambiental.

Es relevante posicionar a México en diversos procesos de cambio en su desarrollo económico y precisar a su vez, los cambios de modelo económico como telón de fondo, que han sumergido o empobrecido los intentos de introducir los criterios de sustentabilidad en los vectores de desarrollo de México.

Se puede decir que durante los primeros 4 períodos (1940-1953, 1954-1969, 1970-1977; y 1978-1981) se alude a los cambios de modelo económico y las aportaciones hacia la sustentabilidad en México. Con diferentes ritmos y coberturas regionales, la movilidad social en el país fue significativa, con fases dinámicas pronunciadas durante los primeros dos periodos. En contraste, durante los periodos más recientes (1982-1987; 1988-1995; y 1996-2000), la movilidad social sufre una caída abrupta y se generaliza la pobreza extrema. Por su parte, en todos y cada uno de los 7 periodos, la degradación ecológica, el agotamiento de los recursos naturales y la contaminación ambiental están presentes, en diferentes magnitudes y proporciones (Vega, 2000: 81). En el siguiente tabla 1, se visualizan los 7 periodos y las aportaciones a la sustentabilidad en México.

Tabla 1. Ciclos, modelos económicos y condiciones de la sustentabilidad en México de 1940 al 2000.

Períodos	Modelo económico	Condiciones medioambientales
1940-1953	Representa la culminación de la transición del modelo primario-exportador del país al modelo de la industrialización mediante la sustitución de importaciones.	Al iniciar este periodo, aproximadamente el 60% del territorio del país estaba cubierto por bosques templados y tropicales, con estas condiciones la industrialización nunca fue vista como posibilidad estratégica para darle valor agregado a los productos maderables y no maderables sin descremar los bosques. En contraste, la conversión de suelos forestales en agropecuarios y urbanos, o de zonas áridas en tierras de cultivo y de extracción de minerales, se tradujo en enormes e irreversibles costos ambientales.
1954-1969	El "milagro	La prioridad del desarrollo industrial y urbano del periodo

	mexicano" durante este periodo el país se industrializó, se urbanizó y se modernizó. Se le conoce como el "desarrollo estabilizador"	hizo que el campo mexicano se descapitalizará abruptamente y entrara en una gradual desaceleración productiva que finalizó, dentro de este mismo periodo, con una crisis estructural. En estos dieciséis años de prosperidad económica y de dinámica movilidad social, se exacerban los daños ecológicos y ambientales en diversos entornos y regiones del país. En este periodo se hace evidente que la sustentabilidad del desarrollo económico y social, ni siquiera se tomaba en cuenta por dos razones, la primera es que la sociedad no estaba dispuesta a sacrificar todos los beneficios del crecimiento económico por mantener muy bajos o casi inexistentes los impactos ambientales. La segunda es que conceptualmente la sustentabilidad no existía para la toma de decisiones y acciones.
1970-1977	En este periodo el país entra en crisis, el modelo de desarrollo económico y social. Los enormes costos fiscales de la industrialización sustitutiva de importaciones empiezan a ser infinanciables. La política económica que había sido exitosa durante los 16 años, ahora exhibía su ineficacia.	Se dio una profundización en la ya para entonces larga crisis, que pretendió erradicarse con la promoción de la llamada "revolución verde". Los "paquetes tecnológicos" de está incluían semillas híbridas y mejoradas. Pero esta revolución verde trajo consigo los siguientes inconvenientes: - Excesiva pérdida de biodiversidad en semillas y cultivos - Mayor propensión a daños por plagas y enfermedades de las plantas - Contaminación acumulada de suelos y cuerpos de agua - Nuevo impulso a la conversión suelos forestales en agropecuarios - Incremento de la pérdida de suelos por erosión hídrica y eólica. Los límites del crecimiento eran cada vez más visibles, los fiscales, los financieros, los demográficos y, por supuesto, los ambientales.
1978- 1981	Del auge petrolero a la crisis financiera. El resultado fue el sobre-endeudamiento del país en dólares a tasas flexibles de interés, la petrolización como sesgo sectorial de un vertiginoso proceso de reindustrialización realizada por el Estado y lamentos financieros.	El desperdicio económico (Bravilovsky, 1989) y ambiental de este periodo fue notable. En este caso, tal vez los ejemplos más reveladores derivados de la construcción y operación de enormes complejos petroquímicos en el trópico húmedo del país, la instalación muy difundida de plantas maquiladoras en la zona fronteriza norte, así como los pasivos ambientales resultantes de la construcción de complejos siderúrgico-portuarios de Lázaro Cárdenas-Las Truchasm en Michoacán y de Altamira, en Tamaulipas.
1982-1987	Se inauguran en México un conjunto de profundos e irreversibles cambios estructurales, pero	El dilema principal fue ¿Crecer o pagar? No había recursos suficientes para pagar todo había que optar por la disciplina financiera con los acreedores externos, por el ajuste macroeconómico recesivo y por la apertura comercial y privatización de los activos de gobierno. Este periodo de estanflación no garantiza la ausencia de impactos

	en otra dirección a los experimentados en los anteriores 42 años.	ambientales y refuerza la convicción acerca de la insustentabilidad del desenvolvimiento económico y social del país. Aunque hay que reconocer que, debido al creciente reclamo de la sociedad civil por crisis ambientales en zonas metropolitanas, se crea la Secretaría de Desarrollo Urbano y Ecología (SEDUE)
1988- 1995	Un ciclo que paso del liberalismo social a la insustentabilidad profunda. Toda la década fue declarada por la ONU como "la década perdida"	En 1988 se difundió el informe de la Comisión de Brundtland, Nuestro Futuro Común donde se hacía referencia a la discusión internacional acerca de la sustentabilidad del desarrollo. En ese mismo año en México se publicó la Ley General del Equilibrio Ecológico y la Protección al Ambiente (LGEEPA). Más allá de la degradación ecológica y contaminación ambiental del periodo: ¿acaso se puede hablar de sustentabilidad con una pobreza extrema de estas dimensiones? ¿De qué sustentabilidad puede hablarse en este periodo? Aún más, los años de 1991, 1992 y 1995 son los peores años en términos de contaminación atmosférica en zonas metropolitanas. Además la tardía evolución institucional del país en materia ambiental. En 1994 se conforma la Secretaría del Medio Ambiente, Recursos Naturales y Pesca (SEMARNAP)
1996-2000	Siguiendo con el "proyecto neoliberal", con respuestas conformistas de estamos mal pero vamos bien.	El tema de la sustentabilidad pasó de ser tema emergente, a ser un tema imprescindible, falto dar el salto a que se convierta en tema estratégico, en utopía institucionalizada, en meta, estrategia, estrategia y política de Estado. La recuperación económica con baja inflación de este periodo, vuelve a plantear la posibilidad de discutir con seriedad, la sustentabilidad del desarrollo económico del país. Sin embargo, la información acerca de la acumulada de todas las problemáticas ambientales, sociales y económicas, hacen pensar que estamos ante las últimas oportunidades de darle viabilidad a la utopía de la sustentabilidad.

Fuente: adaptado del contenido del análisis de Eduardo Vega (2000).

De acuerdo al recorrido histórico de la tabla 1 se puede decir que el desenvolvimiento económico del país ha estado ligado a la degradación ecológica y contaminación ambiental tanto en sus fases expansivas como en las recesivas. Por lo tanto, mientras las políticas sociales sean compensatorias de las externalidades derivadas de la política económica, será muy difícil alcanzar la sustentabilidad.

Además, es necesaria la consideración de los efectos ambientales de la actividad económica y su correspondiente internalización económica ha tenido como consecuencia inmediata la creación de nuevas actividades económicas y por tanto de nuevos mercados. Por ejemplo: la aplicación de los instrumentos de política ambiental en el sector industrial ha generado un mercado de tecnologías "limpias" (equipo de producción y control) que crece aceleradamente. El crecimiento del mercado ambiental en cambio comienza a tener efectos directos sobre el producto con menores presiones sobre la balanza de pagos, a la vez que genera condiciones para desarrollar una vinculación de nuevo tipo entre el aparato productivo y la investigación (Provencio, 2000:18).

Por lo tanto, la sustentabilidad, además de un discurso persuasivo debe constituirse como un conjunto de metas, estrategias e instrumentos, donde la sociedad y los gobiernos sean corresponsables tanto de los procesos de acceso y uso de los ecosistemas, recursos naturales y ambientes rurales y urbanos como de sus respectivos desenlaces en términos de bienestar social neto. De las cuales el refuerzo institucional, estrategias de política ambiental fortalecidas y la participación de todos los agentes políticos, sociales y económicos sean los principales ejes para lograr la sustentabilidad en México.

Todo ello será más fácil o más difícil, o más o menos costoso, dependiendo de:

- La tecnología disponible

- Las presiones demográficas

- Los patrones de consumo o preferencias de los individuos

- Los niveles de ingreso de la población

- La cultura y la información

Aunado a lo anterior, las disposiciones constitucionales[29] en México definen los grandes principios que hacen legítima la actuación del Estado en materia de recursos, medio ambiente e incluso del principio de sustentabilidad como eje transversal de todas las políticas. Teniendo en claro que las leyes deben ser congruentes con los tratados internacionales, los cuales, como se ha dicho, representan la Ley Suprema de la Nación. Sin embargo, aunque la constitución finca las bases de legitimidad para los distintos instrumentos de política, su forma, contenido, alcance o aplicabilidad legal se aplican con más detalle en normas[30] o estándares y en otras disposiciones. Después de reconocer la sólida gama de leyes y especificaciones en materia ambiental y los respaldo institucionales. Cabría bien reconocer las fallas y el progreso débil que México ha desarrollado en aplicar la sustentabilidad de forma operativa, porque las leyes y normas no son suficientes.

4.2 Política ambiental en México e instituciones. Una sustentabilidad lenta y débil.

Ya después de más de 40 años de la existencia de política ambiental en México podemos identificar dos etapas:

La que inicia con la creación de instituciones pioneras a mediados de 1970, y que culmina con la promulgación de la Ley General de Equilibrio Ecológico y la Protección

---

[29] Ahí se fundan las posibilidades para distintas opciones de política en el ámbito ambiental, de recursos naturales, que abarcan desde la regulación territorial, hasta la regulación vía normas, permisos y autorizaciones (regulación directa) de todo tipo actividades económicas. También, así se abre la puerta a la aplicación de instrumentos económicos, y a diferentes mecanismos de acción judicial.

[30] En este apartado pueden mencionarse las Normas Oficiales Mexicanas, leyes federales, leyes estatales, reglamentos de sector ordenadas por materia específica (agua, atmosfera, contaminación del suelo, en materia de residuos, en la medición de concentraciones, emisiones fijas, etc.) para mayor información visite la página oficial de la SEMARNAT, la liga en seguida: http://www.semarnat.gob.mx/leyes-y-normas/noms

Ambiental[31](LGEEPA) en 1988, en la que se van definiendo los espacios del sector ambiental, pero sin un rumbo claro de integración a las políticas generales del desarrollo nacional.

Una segunda, que se caracteriza por un cambio importante con la conformación de la Secretaría de Medio Ambiente y Recursos Naturales y Pesca (SEMARNAP[32]) en 1994, ahora con el nombre de Secretaría de Medio Ambiente y Recursos Naturales (SEMARNAT), que expresa un gran esfuerzo de rediseño político y normativo intentando colocar en el centro de las políticas la noción de desarrollo sustentable.

La LGEEPA incluye cuatro instrumentos que están contenidos en las leyes estatales, en resumen son: 1) Normas técnicas ecológicas: conductas públicas susceptibles a ser observadas por la población; 2) Evaluación del impacto ambiental: las obras o actividades públicas o privadas potencialmente contaminantes o que causen desequilibrios ecológicos, deben someterse a

---

[31] Establece entre sus generalidades: Garantizar el derecho de toda persona a vivir en un medio ambiente sano para su desarrollo, salud y bienestar; La preservación, la restauración y el mejoramiento del ambiente; La preservación y protección de la biodiversidad, así como el establecimiento y administración de las áreas naturales protegidas; Garantizar la participación corresponsable de las personas, en forma individual o colectiva, en la preservación y restauración del equilibrio ecológico y la protección al ambiente; El establecimiento de medidas de control y de seguridad para garantizar el cumplimiento y la aplicación de esta Ley y de las disposiciones que de ella se deriven, así como para la imposición de las sanciones administrativas y penales que correspondan, entre otras (LGEEPA, 2014).

[32] Se creó con la responsabilidad de formular y vigilar el cumplimiento de las leyes y normas en materia ambiental. Se constituyó con los recursos de varias dependencias públicas de la extinta Secretaría de Pesca y su Instituto Nacional de Pesca, de la Secretaría de Recursos Hidráulicos de donde provienen el área forestal y los organismos desconcentrados de Comisión Nacional de Agua (CNA) e Instituto Mexicano de Tecnología del Agua (IMTA), del Instituto Mexicano de Tecnología del Agua (IMTA), del Instituto Nacional de Ecología (INE) y la Procuraduría Federal de Protección Ambiental (PROFEPA), sectorizados en la Secretaría de Desarrollo Social (SEDESOL), y de la parte relativa a la zona federal marítimo terrestre (ZOFEMAT), anteriormente ubicada de la Dirección General de Patrimonio Inmobiliario de la Secretaria de la Contraloría General de la Federación (Varela, 2000).

evaluación para contrarrestar los posibles efectos; 3) Evaluación del riesgo ambiental: toda actividad considerada como riesgosas deben sujetarse a estudios para no afectar la zona; 4) Ordenamiento territorial: donde se marcan las directrices de los asentamientos industriales. Estos instrumentos operan sólo con la sinergia de los tres niveles de gobierno y la participación ciudadana (Saldívar, 1998:133).

Según Estrada (1993), estos instrumentos son muy poderosos y colocan a México en un lugar preponderante en la legislación ambiental; no obstante, se considera, que por ahora, en el país no se tiene la infraestructura ni la capacidad financiera y humana de instrumentación.

De acuerdo con Borrayo y Castañeda (2008) la política ambiental en México tiene fuertes rezagos como causas más importantes de las insuficiencias detectadas, radican en la frágil capacidad institucional para poder descender y evaluar los grandes objetivos del plan nacional en el espacio regional, identificando éste como el nivel natural para la convergencia de las acciones de los gobiernos estatales y municipales, que empuja a una sociedad civil más organizada. Se requiere que la planeación ambiental, como lo establece la LGEEPA, debe superar su carácter actual: pasivo y subordinado (Borrayo & Castañeda, 2008)

Al igual que en los países desarrollados, la sustentabilidad ambiental en México logrará concretarse en la medida que podamos establecer un proceso de cambio hacia nuevas formas de relación entre sociedad y naturaleza. Impone necesariamente criterios de equidad y de justicia social. Además de la integración de las políticas ambientales con otras políticas sectoriales (económicas y sociales) como un requisito para avanzar hacia un modelo de desarrollo sustentable. Se requiere tomar en cuenta cuatro líneas fundamentales:

- La planeación, programación y gestión;

- El establecimiento de un marco jurídico y reglamento eficaz;

- La utilización eficiente de instrumentos económicos y

- El establecimiento de sistemas integrados de contabilidad ecológica y económica.

Aún con bases de convergencia de políticas sectoriales y ambientales, actualmente en México no es ajeno al agotamiento y destrucción ambiental, en los últimos tiempos los acontecimientos de conflicto, fractura social y pobreza extrema con un trasfondo de sobreexplotación ecológica y escasez de recursos naturales se han hecho cada vez más evidentes (Chiapas, Oaxaca, diversas pesquerías, confrontaciones por el agua, etc.). Por estas razones Quadri (2012) afirma que los temas ambientales deben estar vinculados a las agendas de seguridad nacional (Quadri, 2012:10).

Se requiere que la problemática ambiental trascienda los planteamientos puramente ecológicos. La preocupación debe ser integral con el aporte de los científicos, de los políticos, de los agentes económicos y de los ciudadanos, en general, superando las consideraciones inmediatas y locales para que cada vez seamos más conscientes del alcance de los desafíos planetarios y de la necesidad de lograr un futuro común para toda la humanidad.

Conclusiones

Una política ambiental no es, en sentido estricto una receta generalizable de instrumentos a aplicar, y uno de los factores que juegan un importante papel en su aplicación es la forma en que puede interpretar la problemática a atender y la constelación de intereses en torno a ella. El uso de un instrumental regulatorio efectivo y versátil, en donde se prevengan cuando sea posible, se minimicen y se encuentren salidas socialmente aceptables a los puntos de conflicto de intereses, y se potencien, por otra parte, los puntos d convergencia entre intereses públicos y privados, es una orientación deseable de una política que pretenda lograr cambios ambientales, al tiempo que contribuya positivamente, en la perspectiva de un modelo de desarrollo sustentable, con el logro de objetivos de índole económica y social.

No obstante, aunque México ha reconocido la severa degradación ambiental que enfrenta, se necesitará tiempo, al igual que esfuerzos sostenidos y continuos para instrumentar y respaldar las políticas ambientales. La transferencia de la instrumentación de la política ambiental no ha estado acompañada del desarrollo adecuado de capacidades a nivel estatal y municipal. Esta brecha en la instrumentación refleja, en particular, la compleja y a veces confusa distribución de la competencia ambiental a través de los distintos niveles de gobierno y las limitaciones de la autoridad local para la obtención de ingresos provenientes de impuestos y cobros (OCDE, 2003:25).

Desde la Evaluación del Desempeño Ambiental de México realizada por la OCDE en 2003, el país ha tomado importantes iniciativas para reforzar su política medioambiental y su marco institucional. Las recomendaciones de esta evaluación sirvieron de base al Programa Nacional de Medio Ambiente y Recursos Naturales. Por otro lado, México se ha esforzado en reformar el fondo de estabilización del precio de los combustibles y reducir los subsidios a la electricidad, el diesel, la gasolina y el gas licuado de petróleo (GLP). Los avances realizados en este aspecto se han subrayado en el Estudio Económico sobre México 2011 de la OCDE. También se han logrado notables avances en el fortalecimiento de las medidas de reducción de la contaminación del aire a partir de fuentes móviles y la introducción de políticas proactivas en el ámbito de la naturaleza y la diversidad biológica. Sin embargo, México debe mejorar aún más la integración de los aspectos medioambientales en sus políticas nacionales y sectoriales para avanzar hacia un desarrollo sustentable (OCDE, 2012: 48).

Contando con los avances en la política ambiental ¿Es posible lograr en un plano razonable y en las actuales condiciones, un desarrollo que permita un uso sustentable de nuestros recursos naturales? La respuesta puede ser positiva, en la medida que se implementen programas y estrategias con una visión de largo plazo, con el apoyo de la sociedad y los instrumentos adecuados, así como los recursos (humanos organizativos y financieros) para llevarla a cabo. El problema ambiental en México tiene solución en el largo plazo, por ello la continuidad de todos los proyectos, la clave serán las instituciones.

Las instituciones deben resolver o mitigar los problemas ambientales, en forma de regulaciones, instrumentos fiscales y económicos, acciones colectivas por parte de la sociedad lo que abre un amplio abanico de oportunidades sobre la creación de políticas públicas aplicables. México cuenta con un contexto institucional en constante evolución, sus rasgos más notables son: los bajos costos de transacción; leyes y normas que protegen los derechos de propiedad, usos de suelo y el manejo dado a los cuerpos de agua; control de emisiones de gas. Sin embargo, se requiere un Estado de calidad y con sólidas habilidades directivas y regulatorias, pero aún se encuentran grandes deficiencias el sujetar los intereses de privados al imperio de la ley.

Es deseable también que la participación integral de la ciudadanía en la definición de las políticas, como agentes proactivos en el entendido de que es tarea de todos y no sólo de a quiénes se quiere adjudicar una responsabilidad que es totalmente compartida. Las empresa no son las únicas que contaminan, los gobierno no son lo que ignoran o no aplican las normatividades, las personas también son parte de este círculo vicioso de consumir-desechar, de no tener conciencia de los límites de nuestro medio ambiente y recursos, de esa mirada pasiva hacia una destrucción sin precedentes de nuestro planeta (Varela, 2000:38-41).

¿Cómo se puede lograr la participación? Con tres aspectos: resistir, movilizar y transformar. Con la movilización, pensando en difundir e informar a un gran número de personas, las iniciativas ya no pueden ser individuales ni de grupos pequeños, la movilización se basa fundamentalmente en la unión y la construcción de alianzas, se necesitan millones de personas para movilizarse para resistir a esa irrupción de actores que están destruyendo la tierra, la destrucción de los modos de vida y la destrucción de las relaciones con el medio ambiente

Se enfatiza la necesidad de lograr canalizar mayores recursos al medio ambiente, poder aplicar crecientemente el principio "el que contamina paga" y encontrar opciones que garanticen la preservación de los recursos naturales, tales como un esquema eficiente para la sobreproducción de residuos sólidos en las grandes ciudades y en cualquier zona del país. Como un proyecto deseable sin ser sólo una utopía. Recordando las ideas del límite, las contemplaciones de la finitud de nuestros recursos, contemplando la suma corresponsabilidad que tenemos con nuestro medio, entender que no somos ajenos a la naturaleza vivimos en ella y somos parte de ella, pero claro, nada deslindado fuera de la realidad, buscar la forma que la gran maquinaria que llamamos mercado y sistemas de producción sea copartícipe y prevea al ambiente como acción prioritaria para el cambio.

La sustentabilidad en México puede alcanzarse si se trabajan intereses en común por partes de los diferentes agentes sociales (Estado, mercado y sociedad civil) como en otras latitudes en el mundo que ya están convirtiendo sus economías en sociedades sustentables. La sustentabilidad como concepto existe, como proceso se puede tratar de aplicar y como resultado es difícil de alcanzar. Se requiere un cambio de ética económica y sensibilización medioambiental, crear conciencia social y colectiva, integrar a todas las partes por igual en este proyecto que nos concierne y responsabiliza a todos, no sólo en la simulación también en la operacionalización de los objetivos.

Bibliografía

Abramovay, Ricardo. 2013. *Más allá de la economía verde*. Brasil: Temas Grupo Editorial.

Bifani, Pablo.1997. *Medio ambiente y desarrollo*. México: Universidad de Guadalajara.

Borrayo, Rafael y Castañeda Juan. 2008. *Enfoque estructural de problemas económicos ambientales a nivel regional: como un caso de estudio para la región centro de México*. En: Quintero, M. y Fonseca, C. *Desarrollo sustentable. Aplicaciones e indicadores*. México: Miguel Ángel Porrúa. 325-388.

Estrada, O. 1993. *Legislación ambiental ¿hacia dónde? Managament Today, en español*. 14-17.

Figueroa, Raúl. 2000. *La integración de los recursos naturales al ámbito económico*. En: coordinadores Muñoz, Carlos, González, A. *Economía, sociedad y medio ambiente. Reflexiones y avances hacia un desarrollo sustentable en México*. México: Instituto Nacional de Ecología. SEMARNAT. 195-214.

Folarodi, Guillermo y Pierri, Naina. 2005. *El enfoque técnico y el enfoque social de la sustentabilidad*. En: *¿Sustentabilidad? Desacuerdos sobre el desarrollo sustentable*. México: Miguel Ángel Porrúa. 195-214.

Friedman, Milton. 1976. *Price theory*, Nueva York: Mc Graw Hill.

Gligo, Nicolo. 2001. *Cambio cultural, desarrollo y sustentabilidad ambiental*. En: *Dimensión ambiental en el desarrollo de América Latina*. CEPAL. 23-53.

Godínez −Enciso, Juan Andrés. 1995. *Desarrollo económico y deterioro ambiental: una visión de conjunto y aproximaciones al caso mexicano*. México: Gestión y estrategia.

Jiménez, Luis M. 2001. *Desarrollo Sostenible y Economía Ecológica. Integración medio ambiente-desarrollo y economía ecológica*. España: Síntesis.

Labandeira, Xavier, León, Carmelo, Vázquez, Xosé. 2001. *Economía ambiental*. España: Pearson Educación.

Leff, Enrique y Carabias, Julia .1993. *Cultura y manejo sustentable de los recursos naturales.*, México: Editorial Porrua.

Leff, Enrique. 1994. Ecología y Capital. México: Siglo XXI.

Lélé, S. 1991. *Sustainable Development: a critical review*. World development 19. 607- 621.

LGEEPA. 2014. *Ley de Equilibrio Ecológico y la Protección al Ambiente*. México: Diario Oficial de la Federación. última reforma.

Méndez, Luis Arturo. 2000. *Desarrollo sustentable y estado global. Implicaciones para la administración pública: México como caso*. Tesis de doctorado, Universidad Autónoma de México.

Meza, Leonardo. 1993. *Medio ambiente y desarrollo*. México: Grupos de Estudios Ambientales.

Morgenstern, Richar. 2009. *Establecimiento de la prioridad ambiental en el desarrollo*. En: Ammed K. y Sánches-Triana, E. *Evaluación ambiental estratégica para la formulación de políticas. Un instrumento para la buena gobernabilidad*. Colombia: Mayol ediciones. 69-106.

Muñoz, Carlos. 2000. *Desarrollo sustentable, regulación ambiental, interés público e interés privado*. En Muñoz, Carlos y González, A. *Economía, sociedad y medio ambiente*. México: Instituto Nacional de Ecología. SEMARNAT. 59-76.

NOM. 2014. *Normas Oficiales Mexicanas ordenadas por materia*. http://www.semarnat.gob.mx/leyes-y-normas/noms (10 de abril, 2014).

OCDE. 2003. *Evaluación del desempeño ambiental*. México: Organización para la Cooperación y el Desarrollo Económico.

OCDE. 2012. *Perspectivas OCDE: México Reformas para el cambio*.

ONU. 1977. *Declaración de las Naciones Unidas sobre el medio humano; proclamaciones y principios*. En: Tamames, R. *Anexo, Ecología y Desarrollo*. Madrid: Alianza Universidad.

Panayotou, Theodore. 1994. *Ecología, medio ambiente y desarrollo. Debate, crecimiento vs conservación*. México: Ediciones Gernika.

Pearce, David. 1975. *Los límites del análisis coste-beneficio como guía para la política del medio ambiente*. Hacienda pública española 37. 61-71

Pearce, David, Barbier, Edward, Markandya, Anil. 1990. *La sostenibilidad ambiental y análisis costo-beneficio*. Ambiente y ordenación del A. 22. 1259-1266.

Pierri, Naina. 2005. *Historia del concepto de desarrollo sustentable. En: ¿Sustentabilidad? Desacuerdos sobre el desarrollo sustentable*. México: Miguel Ángel Porrúa. 195-214.

Provencio, E. 2001. *Potencial de vinculación económica y ambiental en las políticas para un desarrollo sustentable*. En: coordinadores Muñoz, Carlos, González, A. *Economía, sociedad y medio ambiente. Reflexiones y avances hacia un desarrollo sustentable en México*. México: Instituto Nacional de Ecología. SEMARNAT. 11-24.

Quadri, Gabriel. 2012. *Políticas Públicas. Sustentabilidad y Medio Ambiente*. México: Miguel Ángel Porrúa.

Recio, Guillermo. 2010. *Desarrollo Sustentable y Neoliberalismo: la problemática mapuche*. Universidad Autónoma de Nuevo León.

Ruff, Larry. 1970. "The economic common sense of pollution", *The public interest*, 19.

Sachs, Ignacy. 1980. *Ecodesarrollo. Concepto, aplicación, implicaciones*. Comercio Exterior 30. 718-725.

Salcedo, María, San Martín, Fidel, Barber, Carlos. 2010. *El desarrollo sustentable. Modelo de conciliación entre el progreso económico, la justicia social y la preservación del medio ambiente*. Gestión y estrategia. 17-31.

Saldívar, Americo. 1998. *De la economía ambiental al desarrollo sustentable*. México: Programa Universitario de Medio Ambiente (PUMA).

Schteingart, Martha, D´Andrea, L. 2001. *Servicios urbanos, gestión local y medio ambiente*. México: primera reimpresión. El Colegio de México.

Toledo, Víctor. 1997. *Modernidad y ecología: la nueva crisis planetaria*. En: *Sociedad y medio ambiente en México*, coordinador Gustavo López. México: El Colegio de Michoacán. 19-42.

Varela, Gustavo. 2000. *Hacia una política para lograr el desarrollo sustentable en México*. En: coordinadores Muñoz, Carlos, González, A. *Economía, sociedad y medio ambiente. Reflexiones y avances hacia un desarrollo sustentable en México*. México: Instituto Nacional de Ecología. SEMARNAT. 33-42.

Vega, Eduardo. 2000. *La sustentabilidad en México; ¿estamos mal pero vamos bien?* En: coordinadores Muñoz, Carlos, González, A. *Economía, sociedad y medio ambiente. Reflexiones y avances hacia un desarrollo sustentable en México*. México: Instituto Nacional de Ecología. SEMARNAT. 79-102.

Sobre los autores

Norma Rebeca Martínez Martínez es mexicana. Maestra en Administración. Especialista en procesos de calidad en las universidades públicas. Actualmente es Doctorante del Departamento de Ciencias Administrativas, Programa de Doctorado en Ciencias de la Administración en la Universidad Autónoma de Ciudad Juárez. Correo electrónico: nomartin@uacj.mx

Héctor Miguel Samaniego Gámez es mexicano. Maestro en Economía por la Universidad Autónoma de Ciudad Juárez. Especialista en estudios de crecimiento y gasto público. Correo electrónico: al87331@gmail.com

Judith Carrillo Carrera es mexicana. Licenciada en Economía por la Universidad Autónoma de Ciudad Juárez. Especialista en estudios del sector agropecuario en México. Actualmente es Maestrante en Ciencias Sociales para el Diseño de Políticas Públicas en la Universidad Autónoma de Ciudad Juárez. Correo electrónico: ce.c.ycarrera@hotmail.com

Emilio Alberto López Reyes es mexicano. Licenciado en Relaciones Internacionales por la Universidad Autónoma de Chihuahua. Especialista en derecho internacional, migración y desarrollo. Actualmente es Maestrante en Ciencias Sociales para el Diseño de Políticas Públicas en la Universidad Autónoma de Ciudad Juárez. Correo electrónico: ealr1983@gmail.com

Janette Eréndira Blanco Romero es mexicana. Licenciada en Ciencias de la Comunicación por la Universidad Autónoma de Sinaloa. Especialista en problemáticas de la basura y desarrollo sustentable. Actualmente es Maestrante en Ciencias Sociales para el Diseño de Políticas Públicas en la Universidad Autónoma de Ciudad Juárez. Correo electrónico: janetteblanco@hotmail.com

Reflexiones Sobre Sociedad y Desarrollo en México se imprime en línea a solicitud del usuario en los talleres de Lulu editorial, por lo cual cuenta con un tiraje que depende de quien lo decide adquirir.

www.ingramcontent.com/pod-product-compliance
Lightning Source LLC
Chambersburg PA
CBHW032011170526
45157CB00002B/654